BIBLIOTHÈQUE UTILE

A TOUS.

GUIDE GÉNÉRAL

DE

L'ENTREPRENEUR

De l'Ouvrier en bâtiment et du Propriétaire.

OUVRAGE ESSENTIELLEMENT UTILE

Aux architectes entrepreneurs, aux vérificateurs experts, aux ouvriers
terrassiers, menuisiers et plâtriers, serrurier s, peintres en bâtiments

Et généralement à toutes les personnes

qui veulent elles-mêmes diriger leurs ouvriers
et rédiger les mémoires devis et marchés

concernant les travaux d'art.

Par Hilarion GIRARD, frère Mariste

A SAINTES

Chez FONTANIER, éditeur.

DE LA CHARPIE. — S. M. L'Impératrice a trou
cœur l'initiative d'une mesure que, par toute la
s'empresse de suivre : préparer de la charpie pour
Déjà plus de 10,000 kilog. de vieux linge ont été
mairies. La Compagnie du chemin de fer de l'Es
le transport gratuit, sur tout son réseau, du vieux
la charpie envoyés à l'assistance publique pour l'arm

C'est à cette adresse que nous prions tous les
l'*Abeille laborieuse* d'envoyer leur tribut vraimen
fraternel. C'est le linge le plus vieux qui fait la meill
pie ; seulement que le linge soit de chanvre ou de
de coton ou de laine.

Cependant, comme on se sert de bandes et de ca
les blessures, les toiles de coton sont fort utiles, po
le grain soit égal et qu'il n'y ait pas d'apprêt.

Comme une bonne pensée en fait toujours naître,
les Compagnies des chemins de fer s'empressent de
frir le transport gratis des colis de linge et autres obj
pour notre armée d'Italie.

Une souscription est également ouverte en faveur
sés et des veuves ou parents de nos braves que le fe
pés, et de toutes parts on s'empresse de porter sor
c'est un hommage et un devoir. Oui, quand le sang f
coulé pour la plus juste des causes, et que, vous habi
campagnes, vous comptez parmi nos soldats tant de
et de vos frères, leur venir en aide par un léger sacrifi
semblera, nous n'en doutons pas, un vrai devoir.

AVIS. — L'administration du Crédit départemental se
de faire expédier à MM. les abonnés du *Journal de*
vateurs, sans aucun frais de commission, toutes
d'instruments agricoles, les arbres, arbustes, plantes,
et livres d'agriculture dont ils feront la demande par le
franchie. MM. Claudin et Cᵉ expédient sur demandes
tils aratoires (système Redier), dont ils sont chargé
fabrication et de la vente. Paris, boulevard Bonne-No
35.

C'est uniquement dans l'intérêt de l'agriculture que
publions cet avis, sans rétribution aucune. L'*Abeille*
rieuse est peut-être l'unique recueil qui n'admet pas d'a
ces payées, et présente aux agriculteurs, pour 2 fr. 60
an, le résumé des connaissances les plus utiles. De l
succès dans tous les départements de la France et mén
Algérie.

GUIDE GÉNÉRAL

DE

L'ENTREPRENEUR

A TOUS

GUIDE GÉNÉRAL

DE

L'ENTREPRENEUR

De l'Ouvrier en bâtiment et du Propriétaire.

OUVRAGE ESSENTIELLEMENT UTILE

Aux architectes entrepreneurs, aux vérificateurs
experts, aux ouvriers
terrassiers, menuisiers et plâtriers, serruriers,
peintres en bâtiments

Et généralement à toutes les personnes

qui veulent elles-mêmes diriger leurs ouvriers
et rédiger les mémoires devis et marchés

concernant les travaux d'art.

Par Hilarion GIRARD, frère Mariste

SAINTES

Chez **FONTANIER**, Editeur.

1863.

CONSIDÉRATIONS GÉNÉRALES

SUR L'ARCHITECTURE.

L'architecture est l'art de construire et de distribuer les bâtiments de la manière la plus solide, la plus commode et la plus agréable pour remplir l'objet pour lequel ils sont destinés.

L'art de bâtir est né avec le besoin de se mettre à l'abri des intempéries de l'air, c'est-à-dire qu'il est né avec le genre humain. Les habitations ne furent d'abord que des huttes faites avec des branchages ou pratiquées dans la terre ou dans les rochers, comme on en trouve chez les sauvages et même dans les pays de montagnes en France, en Angleterre, en Espagne et ailleurs.

Les premiers patriarches Abraham, Isaac, Jacob et leurs enfants se logeaient sous des tentes formées avec des pieux, des peaux et des tissus comme le font encore les Tartares, les Arabes et les autres peuples nomades d'Asie et d'Afrique. — Beaucoup se logèrent dans les cavités de la terre, mais ces logements insalubres furent bientôt abandonnés et on en construisit de nouveaux avec des perches plantées en terre, entrelacées de branchages et recouverts de boue auxquels on donna la forme de cône pour faciliter l'écoulement des eaux.

Mais ces logements ne devaient pas être commodes et pouvaient être facilement renversés par les grands vents ou entraînés par les inondations.

A mesure que la société s'accrût, on construisit à la place de ces huttes, des cabanes plus solides et plus grandes. On fit choix, pour cela des arbres que la nature avait placés à peu près carrément, on les coupa de niveau au-dessus des premières branches et sur ces troncs coupés, on plaça horizontalement des arbres équarris destinés à soutenir le plancher puis, pour former ce plancher on posa transversalement d'autres morceaux de bois également équarris mais de moindre grosseur enfin, on surmonta le tout de solives inclinées en forme de comble pour faire écouler les eaux pluviales.

Voilà la véritable origine de l'architecture et l'on voit facilement le rapport d'un ordre avec le bâtiment que nous venons de décrire; en effet, le piédestal représente le banc d'hospitalité que nos pères plaçaient généralement à l'extérieur de leurs demeures et qui cachait la partie inférieure de l'arbre; la base et le chapiteau de la colonne, marquent les liens de bois vert, puis ensuite de fer, qu'on mettait à l'extrémité de chaque arbre.

L'architrave est le tronc équarri, immédiatement posé sur les arbres, la frise occupe la hauteur des solives posées sur ces troncs et destinées à former le plancher; leur calibre et l'intervalle qui les sépare ont donné l'idée des trygliphes et des métopes qui caractérisent la frise dorique. Les modillons, sont les bouts de soliveaux placés en talus; la corniche, représente les plateaux qui les relevaient; enfin le fronton est l'image naturelle de l'élévation rampante de cette couverture.

On divise l'architecture en trois époques: —

L'Antique, la Gothique, et la Moderne.

L'antique est la plus belle par son style élevé, lh'armonie de ses proportions, le bon goût de ses profils, et la juste application de ses ornements.

Les Grecs la transmirent aux Romains chez lesquels elle a subsisté jusqu'à l'envahissement de leur empire par les Barbares qui y introduisirent l'architecture gothique.

Celle-ci diffère de l'antique par la multiplication des arcades qui la caractérisent. Elle manque de correction dans les profils et de goût dans les ornements ; mais elle est d'une grande solidité et a beaucoup de merveilleux à cause de l'artifice et de la légèreté du travail. On peut en voir des exemples dans les cathédrales de Paris, de Reims, d'Amiens, de Chartres et ainsi que dans celles de beaucoup d'autres villes. Cette architecture tire son nom des Goths qui l'introduisirent en passant en Europe.

La Moderne tient de l'antique et de la gothique, par le mélange des ordres grecs avec les arcades. On en voit un exemple dans la cathédrale d'Orléans.

L'enseignement de l'architecture se divise en trois branches: l'art, la science et la pratique.

L'art, est la création du génie, la faculté de représenter la pensée, de donner un ensemble à un monument.

La science est la connaissance de savoir approprier un édifice à ses besoins et que les distributions soient convenables à leurs destinations.

La pratique consiste dans l'exécution des dessins et l'emploi des matériaux propres à chaque partie de la construction.

Division de l'Architecture

L'architecture se divise encore en genres. On en compte 5 principaux, qui sont :

L'architecture Civile ;
— Militaire ;
— Navale ;
— Hydraulique ;
— Mécanique.

L'architecture civile est celle qui sert à diriger la construction des édifices nationaux, les monuments publics, tels que nos cathédrales, nos palais, nos châteaux, nos villes, nos maisons de campagne et enfin nos plus simples habitations et demeures.

L'architecture militaire est celle qui sert pour la construction des forts, des redoutes et des fortifications de nos villes frontières.

L'architecture navale est celle qui a pour but la construction des bâtiments de guerre, des navires marchands, aussi bien que de nos plus simples bâteaux ou barques.

L'architecture hydrolique est celle qui s'occupe de la construction des canaux, des digues, des fleuves, de la création des rades, des ports de mer, des conduits des eaux, ainsi que de la création ou formation de nos fontaines.

Enfin l'architecture mécanique est celle qui nous guide dans la confection de nos diverses mécaniques, à l'usage de nos grandes usines, de nos chemins de fer, etc., etc.

Chacun de ces genres se subdivise encore suivant les divers besoins où ils se trouve employé.

DES ORDRES

Un ordre c'est la réunion d'un piédestal, d'une colonne et d'un entablement, que l'on appelle les trois membres de l'ordre. Chacun de ces trois membres de l'ordre se divise lui-même en trois parties, ainsi qu'il suit :

Premier membre.— Le Piédestal.

Le piédestal est le membre inférieur de l'ordre, il porte imméditement la colonne et par suite tout l'édifice et s'appelle stylobate lorsqu'il règne autour du bâtiment ou qu'il porte une file de colonnes.

Il a trois parties qui sont ; la base, le dé, et

la corniche. *La base* est la partie inférieure du piédestal, elle pose immédiatement sur le terrain et porte le corps ou dé.

Le dé est une espèce de prisme plus haut que large qui sépare la base de la corniche du ce piédestal il est la partie la plus considérable de piédestal ; la corniche est la partie inférieure et saillante qui termine et couronne le piédestal, et sur laquelle pose immédiatement la base de de la colonne.

Deuxième membre.— La Colonne

La colonne est de forme cylindrique, c'est le principal et le plus beau membre d'un ordre, il a trois parties distinctes, la base, le fût et le chapiteau. La base est la partie inférieure du fût autour duquel elle est saillante, elle pose immédiatement sur la corniche du piédestal.

Le fût est la partie principale de la colonne, il a la forme d'une tige d'arbre et s'éffile en s'élevant ; il est entre la base et le chapiteau, posé sur l'une et porte l'autre.

Le chapiteau est la partie inférieure de la colonne, il porte immédiatement sur le fût, le termine et le couronne. C'est celui des trois membres qui sert le plus souvent à distinguer les ordres comme nous le verrons plus loin.

Troisième membre — L'Entablement

L'entablement est le membre supérieur de l'ordre, il en est aussi le plus saillant, il pose sur le chapiteau de la colonne il a aussi trois parties qui sont :

L'architrave, la frise et la corniche. L'architrave est la 1re partie de l'entablement, elle porte sur le chapiteau de la colonne et représente le poitrail qui portait sur les arbres et qui traversait de l'un à l'autre, pour supporter le plancher.

La frise est une grande face lisse qui s'épare l'architrave de la corniche.

La corniche déjà définie à l'article piédestal, termine l'entablement.

Il y a des corniches qu'on appelle architravées, c'est dans le cas où on supprime la frise d'un entablement, de manière que la corniche porte immédiatement sur l'architrave. Enfin le nom de corniche se donne à toutes saillies et profils qui couronnent un corps quelconque.

Des différents Ordres.

Les ordres qui sont la base de l'architecture, ceux dont nous devons spécialement nous occuper, sont au nombre de cinq, savoir : le *Toscan*, le *Dorique*, l'*Ionique*, le *Corinthien* et le *Composite*. Le premier et le dernier sont de l'invention des Romains, les 3 autres appartiennent aux Grecs. On appelle le Toscan et le Composite ordres solides ; le Dorique, l'Ionique et le Corinthien, ordres délicats.

Nous avons cependant à nous occuper d'un sixième ordre, l'orde *Pæstum* qui est remarquable par son austère simplicité et par le bel effet de ses profils et de ses détails. Il se rapproche beaucoup de l'ordre dorique, mais sa colonne qui est beaucoup plus courte de proportions n'a point de base ni d'astragale saillante. Il y a bien encore cinq autres ordres qui sont : le *Rustique*, le *Persique*, le *Coriatide*, le *Gothique* et l'*Attique*.

La plupart de ces ordres, ne sont considérés que comme accessoires et ornements, mais comme ils nous sont inutiles, nous ne les étudierons pas. Nous voulons seulement vous dire ici quelques mots sur chacun d'eux qui suffiront pour vous les faire connaître si vous en rencontrez des exemples.

L'ordre Rhustique à sa colonne ornée de refonds et de bossages.

L'ordre Persique a des figures d'esclaves en place des colonnes pour porter l'entablement.

Le Coriatide a des figures de femmes à la place de colonnes.

Le Gothique est tout-à-fait éloigné des proportions antiques, et ne paraît assujetti à aucune règle. Tantôt ses colonnes massives ressemblent à de lourds piliers, tantôt elles sont élancées et menues. Les chapiteaux n'ont aucune proportion avec elles, composés avec la fantaisie bizarre des Architectes, ils sont composés avec des feuilles d'acanthe épineuses, de choux, de chardons et d'autres plantes ; souvent des figures grotesques d'hommes ou d'animaux, traités avec beaucoup de naïveté et d'imagination, mais d'un dessin très-incorrect.

L'Attique est un petit ordre de pilastres de la plus courte proportion avec une corniche architravée pour entablement. Cet ordre est écrasé et d'un mauvais goût. C'est assez de nous occuper de ces ordres accessoires dont nous ne parlerons plus.

Voyons maintenant quels sont les caractères généraux et particuliers aux cinq ordres de Vignole :

Les Toscan est le plus court de proportions des cinq, il n'a ni modillons ni denticules dans sa corniche.

Le Dorique a son chapiteau plus orné de moulures, il a des modillons dans sa corniche, dés triglyphes dans sa frise, des gouttes dans son architrave et des cannelures à son fût.

L'Ionique a des volutes dans son chapiteau ; la corniche est ornée de denticules et son architrave est divisée en plates-bandes.

Le Corinthien est encore plus riche son chapiteau est orné de deux rangs de feuilles et de 16 volutes ; sa corniche a des modillons et des denticules, et son architrave trois plates-bandes séparées par des moulures.

Le Composite participe dans son chapiteau de l'Ionique, dont il a à peu près les volutes, et du Corinthien dont il garde les deux rangs de feuilles ; sa corniche n'a pas de modillons, mais seulement des denticules comme l'Ionique; son architrave n'a que deux plates-bandes.

Proportion des Ordres

Nous savons qu'un ordre est composé de trois membres, le piédestal, la colonne et l'entablement, et que ces membres diffèrent dans leurs détails, suivant les ordres auxquels ils sont appliqués ; mais dans quel ordre que ce soit, ils gardent toujours la même proportion entr'eux, ainsi le piédastal doit toujours avoir le tiers de la hauteur de la colonne et l'entablement le quart de cette même hauteur.

Proportion des Colonnes.

La base a, dans quelque ordre que ce soit, un demi-diamètre inférieur de la colonne de la hauteur. La colonne dans tous les ordres est cylindriques depuis le bas jusqu'au tiers de sa hauteur, en comptant dans cette hauteur l'espace occupé par la base et le chapiteau ; et depuis ce tiers jusqu'au haut elle va en diminuant à peu près d'un sixième de son diamètre inférieur.

La grosseur de la colonne varie dans chaque ordre, son diamètre inférieur se trouve par sa hauteur qui se divise en plus ou moins de parties, suivant l'ordre à élever, et pour déterminer ce diamètre, voici les proportions des cinq ordres :

La colonne Toscane a de hauteur 7 fois son diamètre inférieur :

La colonne Dorique............ 8 fois

La colonne Ionique........... 9 fois

La colonne Corinthienne....... 10 fois

La colonne Composite.......... 10 fois

Il s'agit donc de diviser la hauteur de la colonne en 7, 8, 9 ou 10 parties pour avoir son diamètre inférieur suivant l'ordre qu'on veut élever.

La proportion des chapitaux varie selon l'ordre qu'on élève, nous les donnerons à mesure que nous verrons les détails de chaque ordre.

Méthode générale pour dessiner tous les Ordres sur une hauteur donnée.

Pour élever un ordre sur une hauteur donnée il faut diviser cette hauteur en dix-neuf parties égales. Quatre de ces parties vous donneront la hauteur du piédestal, 12 celle de la colonne et les trois autres pour l'entablement, ce qui donne pour le piédestal le tiers, et pour l'entablement, le quart de cette même colonne.

Du Module.

Le module est une mesure de convention qui sert d'échelle pour dessiner les ordres, cette mesure est toujours la moitié du diamètre inférieur de la colonne, mais sa division n'est pas la même pour tous les ordres.

Pour le Toscan et le Dorique, il se divise en douze parties, pour l'Ionique, le Corinthien et le composite en 18 parties.

Opération Générale

Pour la construction et l'élévation des ordres.

Exemple pris sur l'ordre Toscan comme étant le plus facile
et le premier que nous devons étudier.

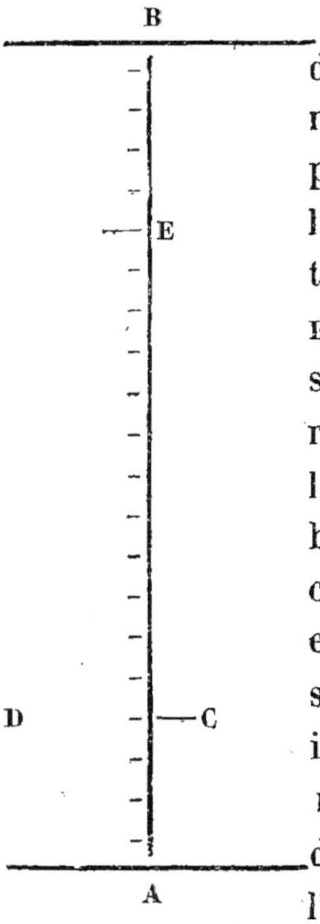

Supposez la hauteur AB être donnée, divisez-la en dix-neuf parties ; du point c, 4me partie de la divison, tirez la ligne CD, et vous aurez la hauteur du piédestal. Du point E, seizième partie de la division tirez la ligne E, vous aurez la hauteur de la colonne le reste sera pour la l'entablement, la hauteur CE de la colonne ainsi fixée divisez-la en 7 parties égales, une de ses parties sera le diamètre inférieur, et la moitié sera le module, que vous divisez en douze parties (ainsi que nous l'avons indiqué à l'article module ; cette division faite portez 6 partie au-dessus de la ligne de terre, a, b, et 6 au-dessus de la ligne c, d. Ces deux divisions vous donneront les hauteurs de la base et de la corniche du piédestal, il restera 3 modules et 8 parties pour la hauteur du corps ou du dé piédestal. Portez un module au-dessus de la ligne, pour la hauteur de la base de la colonne et au-dessus et au-dessous de la ligne pour la hauteur du chapiteau et l'architrave, il reste douze modules pour le fût de la colonne ; au-dessus de l'architrave portez un module deux parties pour la frise n, reste un module 4 parties pour la corniche.

Détails sur l'Ordre Toscan.

L'ordre Toscan, le plus simple des 5 ordres doit son origine à d'anciens peuples de Lydie qui vinrent s'établir dans la Toscane. Les premiers temples qu'il y bâtirent furent de cet ordre. Sa hauteur totale est de 22 modules 2 parties. Son piédestal a 4 modules huit parties de haut y compris sa base et sa corniche lesquelles ont chacunes 6 parties. La largeur du corps et du piédestal est égale à la plus grande saillie de la base de la colonne. La base de la colonne a toujours un module de hauteur. Le filet de la base est compris dans le module. La

colonne a de hauteur 7 fois son diamètre inférieur.

Chapiteau et entablement Toscans.

Le chapiteau doit avoir un module de haut.-
Pour le tracer avec plus de précision et de
promptitude il faut diviser sa hauteur en trois
parties égales ; puis, donnant au compas l'ouverture de trois parties de module, les porter en
dessus et en dessous de la ligne, a, pour déterminer la hauteur du larmier et du quart de rond ;
Il restera au-dessus et au-dessous de chacun
une partie du module pour les deux filets.

La gorge du chapiteau est toujours à plomb
de l'extrémité du diamètre supérieur de la colonne.

L'entablement à 3 modules 6 parties de haut
ou le quart de la colonne. Il faut donner à
l'architrave, y compris son Pistel, un module, à
la frise un module 2 parties, à la corniche un
module 4 parties.

Le nu de l'entablement est toujours à plomb
de l'extrémité du diamètre supérieur de la colonne. L'entre-colonnement est de six modules
2 tiers de l'axe d'une colonne à l'axe de l'au-

tre, ou 4 modules 2 tiers d'un diamètre inférieur à l'autre.

Ordre Dorique

L'ordre dorique est le plus ancien de tous, il est aussi le plus male et le plus régulier. C'est un des trois ordres grecs, il a pris son nom de Dorus, qui fit élever dans Argos un temple de cet ordre, le théâtre de Marcellus est le monument duquel Vignol a tiré les proportions de son ordre Dorique ; cet ordre a de hauteur totale 25 modules 4 parties.

Base Dorique avec son Piédestal

Le piédestal à cinq modules 4 parties de hauteur y compris sa base et sa corniche ; la base de la colonne y compris le filet supérieur a un module de haut. Il faut se rappeler que dans cet ordre comme dans l'ordre Toscan ce filet est pris sur la base et le fût de la colonne. La colonne a seize modules de hauteur, sa circonférence est divisée en 20 cannelures qui se touchent à vive-arrête.

Les cannelures se tracent de deux manières, ou par un demi cercle pour les plus creuses, du point sur la circonférence comme centre avec l'ouverture de compas égale à la vingtième partie du diamètre, vous tracez la ligne courbe demandée, ou par un triangle équilatéral pour les moins creuses du point de l'extrémité d'un sommet des angles avec l'ouverture d'un des côtés du triangle vous tracez la courbe.

Les plus creuses paraissent destinées pour les intérieurs et les moins creuses pour les extérieurs comme formant une arrête moins vive et par conséquent moins sujette aux accidents. Au reste ce n'est pas une règle, et les circonstances et le goût doivent terminer.

Chapiteau et entablement Dorique du théâtre de Marcellus.

Il a quatre modules de hauteur, il faut en donner un à l'architrave 5 et 6 parties à la frise, autant à la corniche. L'architrave pour être faite avec facilité doit être divisée en trois parties égales. On coupe en deux la partie supérieure. L'une sert pour le luter et l'autre pour les gouttes et leur filet. Les gouttes sont rondes, elles ont une demi partie par le haut et une partie 3/4 par le bas.

La frise est ornée de triglyphes ils ont toujours un module de large. Pour en tracer les cannelures, il faut diviser ce module en trois et porter une partie à droite et à gauche des lignes du milieu, et pour les deux demi-cannelures des extrémités, on portera cette mesure immédiatement aux côtés de ce même trygliphe.

On appelle métope l'espace compris entre chaque trygliphe. Cet espace est toujours parfaitement carrée. Il y a 2 modules 6 parties du milieu d'un triglyphe au milieu d'une autre.

Entablement Dorique de Vignole

Il a les mêmes proportions que le précédent. La seule diffrérence est dans les moulures. Il faut diviser la corniche en 4 parties égales, dont chaque partie aura 4 parties 1/2 du module. Cet entablement a des modillons au lieu de denticules comme le précédent. Le modillon est à plomb du Trilyphe et de la même largeur. L'architrave et le chapiteau se divisent en trois. L'entre-colonnement est de 7 modules 1/2 de l'axe d'une colonne à l'autre et de 5 modules et demi entre les deux colonnes à la partie inférieure.

Ordre Ionique

Cet ordre a pris son nom d'Ion, l'Athénien, établi dans l'Ionie, partie de l'Asie, où il bâtit plusieurs temples qui différaient de l'ordre Dorique. Il tient le milieu entre les ordres solides et les ordres délicats.

Son caractère particulier est l'élégance. Sa hauteur totale est de 28 modules 6 parties. Le piédestal à 6 modules de haut. Dans cet ordre le module se divise en 18 parties, la base de la colonne a un module de hauteur. Le filet supérieur de cette base dans cet ordre, est pris sur le fût de la colonne et non sur la base elle-même. La colonne a 9 diamètres ou 18 Modules de hauteur elle est ornée de 24 cannelures séparées par des côtes ou lystels. Pour les tracer il faut tracer la circonférence en 24 parties égales et chacune de ces 24 parties en 5. Celle du milieu sera pour la côte ou lystel et les autres pour les cannelures. Les cannelures de cet ordre se tracent par un demi cercle il faut observer qu'il y ait toujours une cannelure au milieu de chaque face.

Ordre Corinthien

Ditruve en raconte ici l'origine : une jeune

fille de Corinthe étant morte, sa nourrice plaça sur sa tombe un panier contenant divers bijoux que la jenne personne avait aimés. Ce panier recouvert d'une tuile fut placé par hasard auprès d'une plante d'Acanthe, les feuilles de cette plante venant à grandir, l'environnèrent en se courbant avec une certaine grâce jusqu'au dessous de la tuile. Gallimaque frappé de cet arrangement fortuit, en conçut l'idée du chapiteau Corinthien qu'il embellit ensuite.

Piédestal Corinthien.

Vignole lui donne 7 modules au lieu de 6 modules 12 parties ce qui fait le tiers de la hauteur de la colonne, afin, dit-il, que le dé ayant sa hauteur double de sa largeur le piédastal soit plus svelte et plus convenable à la délicatesse de cet ordre. La règle générale établie par Vignole qui veut que le piédestal soit du tiers de la hauteur de sa colonne se trouve dans ce cas modifié par lui-même.

Les cannelures se tracent comme à l'ordre Ionique.

Chapiteau Corinthien vu sur l'angle

Pour le construire faites sur le carré A, B,

c,p, de 4 modules de diagonales, aux extrémités des diagogales, dessinez le plan des angles de tailloir comme les cottes l'indiquent;
sur chaque côté du carré, puis pour base éle-
vez un triangle équilatéral, du sommet E comme
centre, tracez les courbes a, b, c, d, etc., et vous
aurez le plan du tailloir.

Pour faire les feuilles divisez la circonférence du cercle de la colonne en 16 parties et
placez le milieu des feuilles sur les rayons tirés
du centre par les 16 points, donnez sur le cercle du tambour. Les volutes se feront sur le
plan suivant :

Les denticules de l'entablement se font comme à l'ordre Ionique.

L'entre-colonnement est de 6 modules 2/3
d'un axe à l'autre.

Ordre Composite

Les Romains prirent tout ce qu'ils trouvèrent
de beau dans l'ordre Ionique et dans le Corin-
tien pour en faire un ordre composé, d'où il
prend son nom de composite.

Cet ordre a les mêmes proportions et se construit suivant les mêmes règles que le Corinthien,
il diffère seulement dans ses détails. Nous étu-

dierons le piédestal, le chapiteau vu sur l'angle et l'entablement composite.

L'entre-colonnement de cet ordre est de 6 modules deux tiers de l'axe d'une colonne à l'axe de l'autre.

Ordre Pœstum

Comme on emploie fréquemment cet ordre aujourd'hui et avec succès nous étudierons l'ordre extérieur d'un des trois temples que l'on voit à Pœstum, celui que l'on dit avoir été dédié à Neptume et qui semble le plus majestueux.

Plan de façade

Il faut observer que les entre-colonnements des angles sont plus serrés que ceux du milieu et les quatre colonnes des angles plus grosses à peu près d'un quarantième ; on verra quelles proportions les Grecs leur donnaient, ainsi qu'à leurs frontons. On remarquera surtout qu'ils ne mettaient point de modillon à leurs corniches rampantes, preuve qu'ils n'en avaient pas perdu de vue la véritable origine et qu'il y a un triglyphe aux angles de là frise.

Entablement

Les proportions ne diffèrent de celles don-
nées par Vitruve qu'en ce que le nu de l'architrave est en saillie sur l'extrémité du diamètre
supérieur de la colonne, ce qu'il regardait comme
une faute contre la solidité, on voit aussi
que les cannelures des triglyphes sont cintrées
par le haut et triangulaires par le plan, qu'au
dessous de chaque métope il y a un modillon
comme au-dessus de chaque triglyphe; on peut
remarquer encore que le plafond du larmier et
des modillons, est incliné sur la pente du fronton ce qui donne plus de hauteur apparente
aux moulures inférieures de la corniche, et prouve que les anciens suivaient encore en cela
l'origine de l'architrave car il faut se souvenir
que les modillons ne sont autre chose que l'i-
mage des bouts de chevrons de la couverture.

La colonne a 24 cannelures qui se touchent
à vive-arrête.

Architecture

Après ces considérations générales disons ce
que c'est qu'un Architecte. — Un Architecte est,
comme tout le monde sait, un homme qui donne
des plans et les dessins d'un bâtiment, qui con-

duit l'ouvrage et qui commande aux maçons, charpentiers et couvreurs qui travaillent sous lui. Les maîtres-maçons, à cause de leur expérience, font souvent les fonctions des Architectes.

Cette profession exige une grande variété de connaissances, telles sont : la géométrie, le dessin linéaire, la mécanique, la statique, la perspective, etc.

La probité, le désintéressement, l'impartialité et une grande bonté d'âme doivent aussi distinguer un bon Architecte.

Architectes Célèbres.

Voici les noms des plus célèbres architectes anciens et modernes ;

VITRUVE, VIGNOLE, L'ESCOT, PHILIBERT DE LORME, BROSSE, MÉTEZEAU, LE VAU, BERNIN, MANSARD BLONDEL, LE NÔTRE, OPPENORD, DE COTTE, GABRIEL, SERVANDONI, SOUFFLOT, etc.

Vitruve d'Italie.— Sous le règne de l'Empereur Auguste, il ne nous est connu que par son célèbre Traité d'Architecture.

Vignole.— Du territoire de Boulogne : il vivait sous le règne de François I. Il donna des plans pour plusieurs édifices en France. Il est encore fort estimé par son traité des cinq Ordres d'Architecture.

L'Escot.— Sous le règne d'Henri II. On lui attribue l'Architecture de la Fontaine des s.s. Innocents, ouvrage si vanté.

Philibert de Lorme. —Sous le même règne. Plusieurs beaux édifices sont d'après ses dessins, tels que le palais des Tuileries, le Chateau de Meudon, Anet, Saint-Maur. Il a donné plusieurs Traités sur l'Architecture.

De Brosse.— Sous le Règne de Louis XIII. Il a donné les dessins du portail de Saint-Gervais, si estimé des connaisseurs, et ceux du palais de Luxembourg.

Metezeau. — Sous le même règne: Il s'est rendu célèbre par la fameuse digue de La Rochelle.

Le Vau.— Il donna le plan d'une partie des Tuilleries, de l'entrée du vieux Louvre, du collége des Quatre-Nations.

Le Cavalier Bernin. De Naples. Louis XIV le fit venir d'Italie pour donner les dessins du Louvre, mais on préféra ceux de Claude Perrault.

François Mansard.— Un des plus célèbres dans son genre pour les grands dessins et le bon goût dans les édifices. Jules Mansard son neveu ne fut pas moins célèbre, car tous les grands édifices construits sous les ordres de Louis XIV, l'ont été sur les dessins de cet Architecte, et particulièrement le Dôme des Invalides, la Chapelle de Versailles, la place de Louis-le-Grand.

Blondel.— Les portes Saint-Denis et St-Antoine ont été construites sur ses dessins.

Le Nôtre.— L'homme le plus célèbre pour les dessins des jardins. Il a donné ceux de la plupart des Maisons Royales ; il mourut au commencement de ce siècle.

Oppenord.— Ses grands talents le firent nommer directeur des bâtiments et jardins de M. le duc d'Orléans, alors régent du Royaume.

Robert de Cotte.— Le vœu de Louis XIII au grand autel de Notre-Dame et le Pérystile de Trianon ont été exécutés sur ses plans.

Jacques Gabriel. — Les dessins du Pont-Royal, des bâtiments de Choisy lui appartiennent. Jacques Gabriel, son fils, mort en 1742, soutint la réputation de son père et fut nommé premier Architecte du Roi: il donna les dessins des plans de plusieurs villes du royaume.

Servandoni.— Il naquit à Florence en 1695 et mourut à Paris en 1756. On lui doit la belle façade de l'Eglise de St-Sulpice.

Soufflot. Naquit à Francy, en Bourgogne en 1714 et murut en 1781. Il fut membre des académies de peinture et d'architecture. Il donna

les plans de l'Hôtel-Dieu, de Lyon ; de l'Église
de Sainte-Geneviève, de Paris, l'Ecole de Droit,
etc. Il a laissé plusieurs ouvrages très-estimés.

CHAPITRE PREMIER

Des principaux membres d'Architecture qui entrent dans la construction de certains édifices.

Les principaux membres d'architecture qui entrent dans la construction de certains édifices, sont :

1° Les colonnes

On appelle ainsi un pilier circulaire destiné à soutenir une portion de bâtiment. Toute colonne se compose de trois parties : la base, sur qui repose le reste de la construction ; le fût, placé immédiatement au-dessus de la base ; et le chapiteau, qui le surmonte.

Les colonnes sont ordinairement unies ; cependant dans l'ordre Corinthien et l'Ionique on en voit de cannelées dans toute leur hauteur. Il y en a qui ne soutiennent aucune portion d'édifice, et qui sont placés dans un lieu pour consacrer le souvenir d'un fait historique.

On appelle colonnes groupées ou en fais-

ceaux celles qui sont réunies pour former un pilier : on en voit beaucoup dans les églises go-
thiques.

2° Les Piliers.

Le pilier est une maçonnerie sans ornement
destiné à contenir des plates-bandes, des arcades ou des voûtes.

3° Les Pilastres

Le pilastre est un ornement qui a les mêmes
proportions qu'une colonne qui fait saillie sur
un pilier, un mur ou une charpente.

4° Les Entablements.

On appelle ainsi en architecture la partie qui
couronne les colonnes, et les pilastres, et qui
comprend l'architrave, la frise et la corniche.
Il est souvent orné de moulures, bas-reliefs
et modillons.

Dans les bâtiments qui n'ont ni colonnes ni
pilastres, une bande placée sous les parties de
l'étage supérieur tient lieu de l'architrave ; les
têtes des poutres forment la frise, et il y a une
corniche saillante qui couronne le bâtiment et

le garantit de l'humidité. Ces trois parties réunies prennent le nom d'entablement.

Dans tous les ordres, l'entablement a pour hauteur le quart de la colonne, le piédestal ou soubassement le tiers.

5° Les Arcades

On appelle ainsi les ouvertures de portes, de fenêtres, ou de ponts, dont le haut a la forme d'un demi-cercle. L'arcade est en plein ceintre lorsqu'elle forme le demi-cercle parfait ; elle est surbaissée quand elle est terminée en anse de panier. La hauteur des arcades varie entre deux fois la largeur au moins et deux fois et demie au plus.

6° Les Jambages.

On appelle ainsi un pilier placé entre deux arcades ; on les termine ordinairement par un imposte.

7° Les Impostes

On appelle de ce nom une pierre en saillie, qui couronne un jambage, et porte le coussinet d'un arcade. Elle est différente selon les ordres. La Toscone n'est qu'une plinthe ; la Dorique a deux faces couronnées ; l'Ionique a un larmier au-dessus de ses deux faces, et ses moulures peuvent être taillées ; la Corinthienne et la Composite ont larmier, frise et autres moulures, qui peuvent être taillées.

8° Les Portes.

On appelle ainsi l'ouverture pratiquée de plein-pied dans une muraille pour servir d'entrée dans un lieu quelconque.

La forme de la porte varie dans trois modes principales : le rectangle, le cintre et l'ogive.

9° Les Fenêtres

On appelle ainsi l'ouverture faite dans un mur pour laisser introduire la lumière dans l'intérieur d'un appartement.

On peut donner trois formes principale aux fenêtres : les fenêtres à plate-bande, dont le linteau en bois ou en pierre est toujours droit; ce sont les plus communes; les œils-de-bœuf, dont le cadre est un cercle ou un demi-cercle avec une tablette d'appui; les fenêtres en plein cintre ou en arcade, dont le linteau est en arcade ou en ogive.

Pour l'agréable harmonie les croisées doivent être placées sur une même ligne horizontale, d'égale hauteur et à distances symétriques. Elles doivent se correspondre verticalement entre elles dans les étages différents. On leur donne ordinairement pour hauteur le double de leur largeur, mais on s'écarte souvent de cette règle.

10° Les Chambranles

On nomme ainsi un cadre en pierre ou en bois qui orne ou soutient une porte, une croisée ou l'âtre d'une cheminée. Il est formé de deux montants verticaux et d'une traverse. Souvent ce cadre est décoré par des moulures, des cannelures ou autres enjolivements.

On donne aux chambranles une largeur égale au cinquième de l'ouverture, et la saillie est du sixième de leur propre largeur.

11° Les Appuis

Les appuis sont des murs élevés au bord d'une terrasse ou entre les pieds droits d'une fenêtre. On donne ordinairement à ces appuis environ un mètre de hauteur au-dessus de l'aire de la chambre.

12° Les Balustrades.

On appelle ainsi un rang de petits piliers façonnés en pierre, en bois, en fonte ou en fer, qui, dans les églises séparent le cœur de la nef et en général terminent une terrasse ou un balcon, une plate-forme quelconque. On appelle balustre chacun des petits piliers.

13° Les balcons

On appelle ainsi une petite plate-forme en saillie au-delà du nu d'un mur, portée sur des consoles ou sur des colonnes, et formée par une balustrade de pierre, de fer, de fonte ou de bois: Les grands balcons, sont ceux qui portent en saillie, et sont plus larges que les croisées; et les petits, ceux qui sont entre les tableaux des mêmes croisées et d'appui.

14° Les Frontons

On nomme ainsi une construction de forme triangulaire, surmontant une porte, une fenêtre, une niche, ou couronnant la partie supérieure d'un avant-corps de bâtiment. Les frontons sont des saillies destinées a orner les édifices et à garantir des eaux de la pluie les personnes qui veulent entrer ou sortir.

On en fait aussi des courbes, en arcs de cercle ou d'ellipse. Le plus souvent ils sont ornés de bas-reliefs.

15° Les Attiques

On appelle ainsi un exhaussement d'un petit étage décoré de pilastres qui lui conviennent, et même sans pilastres, qu'on élève au-dessus des pavillons angulaires et sur le milieu d'un bâtiment. L'attique continu est celui qui environne le pourtour d'un bâtiment sans interruption et suit les corps et retours des pavillons.

16° Les Belvédères

On appelle ainsi un petit pavillon qui couronne et domine les maisons de plaisances.

17° Les Avant-Corps

On nomme ainsi les parties d'une façade en saillie hors de l'alignement des autres parties du bâtiment. Les avant-corps sont pour la nécessité ou pour l'ornement ; ceux pour la nécessité sont les dosserets dans les caves, ils soutiennent les voûtes d'arêtes ; ceux pour l'ornement sont les avant-corps sur les murs de face.

18° Les Acrotères

On nomme de ce nom un socle moins élevé que l'attique mais qui règne comme lui au-dessous de l'ordre principal d'architecture, et sert d'amortissement à l'édifice ; on donne ordinairement aux acrotères une hauteur égale ou double de la saillie de la corniche qu'ils surmontent.

19° Les Cordons

On nomme ainsi un rang de pierres avancées qui marquent les divisions d'une muraille et les séparations des étages.

20° Les Trumeaux

Les trumeaux sont les espaces des murs, entre deux fenêtres ou portes.

Il faut faire en sorte qu'à l'intérieur il y ait toujours assez de place entre les deux croisées, pour qu'on puisse y placer une commode, une

glace et les autres meubles qu'on est dans l'habitude d'y placer.

21° Les Cheminées

On nomme ainsi le foyer et tuyau construits
dans les appartements pour recevoir le feu et
conduire la fumée.

Les cheminées sont ordinairement de forme
rectangulaire, et sont fondées sur le principe
que deux colonnes d'air de même hauteur ne se
fond plus équilibre quand l'une d'elles devient plus chaude que l'autre, d'où il suit que
la plus froide doit souleveur la plus chaude.

Les cheminées se construisent de trois sortes de matériaux : en brique, en pierre et en
plâtre.

La meilleure construction est en briques posées de plat et maçonnées avec de bon mortier. La construction en pierre de taille ne diffère en rien de celle en briques. Si on fait
usage de moellons on procède comme dans les
maçonneries ordinaires.

La construction en plâtre gâché ne se pratique
guère que dans les pays où le plâtre est très-
abondant. On emploie à cet effet de très-bon
plâtre que l'on pigeonne à la main ; c'est-à-
dire que l'on n'applique ni ne jette, mais que

l'on pose par poignées, et que l'on élève doucement entre la truelle et la main.

Les languettes que l'on forme de cette manière doivent avoir au moins 7 centimètres pour que la construstion soit solide.

Quelque mode que l'on adopte et quelque matériaux que l'on emploie il faut toujours avoir soin d'enduire l'intérieur de la cheminée le plus uniment possible pour que la suie s'y attache moins.

La profondeur des tuyaux de cheminée ne peut être moindre de 20 centimètres et ne doit pas excéder 35. La largeur ne doit varier qu'entre 0,65 centimètres à un mètre. Au-dessous de ces limites les cheminées sont sujettes à fumer et au-dessus il y a une grande perte de chaleur.

Les foyers dont le fond est garni de plaques de fonte, de cuivre ou de tôle donnent beaucoup plus de chaleur que ceux qui n'en sont pas revêtus.

La construction des cheminées présente peu de difficulté mais elle demande beaucoup de sagacité pour les placer et les diriger dans l'épaisseur convenablement. Autrefois on se contentait de les élever perpendiculairement et de les adosser contre les murs sans faire attention qu'elles prenaient trop de place, qu'elles surchargeaient trop les planchers et quelles violaient toutes les lois de symétrie.

En les construisant comme on le fait aujour-hui, dans l'épaisseur des murs, elles ne perdent rien de leur solidité et d'un autre côté elles ne déparent pas les appartements.

Depuis quelques années on s'est occupé de varier la forme et la matière des cheminées ; il y en a de marbre blanc, rouge, noir, gris, etc. ; en lave, en fonte, en tôle, etc. ; sculptées, ciselées, qui représentent des dessins d'un goût et d'une pureté d'exécution parfaite ; en un mot la sculture, la ciselure, la moulure, la peinture et la dorure sont souvent mises à contribution pour la confection et l'ornement des cheminées.

Quant à la position des cheminées l'usage veut qu'on les adosse contre les murs de refend, ou contre les murs latéraux de l'édifice, dans le milieu des pièces, et jamais opposées au jour toutes les fois que l'on peut faire autrement.

22° Les Fosses-d'Aisance

L'usage est de placer les conduits des fosses-d'aisance, dans les angles des escaliers de moindre importance ou dans quelque coin écarté.

Ces conduits ne se font presque plus qu'en poterie de grés vernis, et on les maintient en place avec des carcans de fer scellés dans le mur. On a soin de les isoler de ce mur de deux ou trois centimètres et on les cache au moyen d'une languette de plâtre scellée dans deux feuillures, et que l'on enlève lorsqu'il se fait quelque filtration. Les tuyaux sont ensuite séparés l'un de l'autre à l'aide d'un fer chaud qui sert à enlever le mastic résineux employé pour leur scellement bout-à-bout. Le siège des lieux ne présente plus simplement une ouverture en communication directe avec le tuyau.

Il est garni d'une cuvette en faïence, dont le fond porte une soupape métallique qui ne s'ouvre que pour le passage des matières ; et à côté, est un réservoir d'eau qui communique à cette cuvette par un robinet, et sert à enlever les matières qui pourraient s'y être attachées. Il est d'usage, de quelque manière que soient construites les fosses d'aisance, de pratiquer des ventouses qui, s'élevant depuis la fosse jusqu'au haut des toits, conduisent dans l'atmosphère les gaz méphytiques.

CHAPITRE SECOND

Des bâtiments en général

Les édifices n'ont pas tous les mêmes destinations; ainsi les uns concernent les établissements publics, tels que les temples, les hôpitaux, hôtels-de-Ville, salles de spectacle, casernes, citadelles, palais. Les autres sont consacrés aux logements des particuliers et des animaux. Ce sont ces derniers qui font l'objet principal de notre ouvrage.

Avant de commencer la construction d'un bâtiment on doit d'abord en arrêter le plan afin de ne pas être obligé plus tard de démolir ce qu'on avait édifié avec tant de peines.

Il faut aussi s'occuper d'avance à préparer les matériaux surtout les bois et les pierres afin qn'ils aient le temps de rendre l'humidité dont ils sont pénétrés.

En général, on emploie les pierres trop fraîchement tirées des carrières, elles n'ont pas le temps de se dépouiller de leur bousin (envelope), qui s'exfolie ordinairement à la moindre gelée.

Les anciens étaient bien plus sages que nous ; avant d'employer les pierres ; ils exigaient qu'elles fussent sorties des carrières depuis deux ans pour leur entière dessication.

Des Fondations

La première chose à laquelle on doit faire attention, en élevant un édifice, c'est d'en établir les fondements.

En conséquence, il ne faut asseoir les murs que sur un fondement solide, et quand la localité où l'on veut bâtir n'en présente pas de pareils, on a recours aux pratiques de l'art pour remédier à un semblable inconvénient.

La nature du sol sur lequel on veut élever une construction étant une chose très-variable, il est à propos d'expliquer ce qu'il est le plus important de faire en pareil cas.

Le sol peut-être de roche, de tuf, de terre-franche, d'argile, de sable mouvant, de tourbe, etc.,

Les fondements que l'on établit sur le roc, ou sur le tuf sont toujours très-bons, seulement quant le bâtiment est d'un poids fort considérable, il faut s'assurer par la sonde de l'épaisseur de la roche, si l'on présume qu'il y ait au-dessous quelque excavation. Ces cas sont très-rares, cependant ils peuvent se présenter dans les pays minés par l'excavation des pierres ou du charbon de terre.

Les fondements en terre franche sont excellents lorsque la couche de cette terre et d'une épaisseur suffisante.

On peut s'en assurer, soit par la sonde, soit par le son que produit un corps très-lourd que l'on laisse tomber de haut.

Lorsque le terrain ne paraît pas fortement ébranlé par cette chûte, et qu'un tambour placé à quelque distance ne raisonne pas, on peut compter que les fondements seront bien assis.

Du reste, lorsque les constructions doivent être considérables, et que la sonde a indiqué une épaisseur suffisante de bone terre, mais au-dessous un fond moyennement consistant; il ne faut pas trop tourmenter la bonne couche, crainte d'en diminuer la solidité et l'épaisseur et d'être obligé d'entreprendre de nouveaux travaux coûteux.

Les fondements sur la terre glaise sont bons et faciles toutes les fois que le banc de terre glaise est d'une épaisseur suffisante, ou qu'il repose sur une couche solide; mais quand il est peu épais, et qu'il repose sur un terrain

mou et humide, il faut alors prendre des précautions particulières pareilles à celles que nous
indiquons plus bas.

D'autrefois on peut se contenter, même pour
les constructions considérables de poser sur la
terre glaise, après l'avoir creusée le moins possible, un grillage de charpente, de 50 à 60 centimètres plus large que les fondements; d'en
remplir les intervalles de moellons au bain de ciment de poser par dessus des madriers, retenus par
des chevilles de fer, et d'élever ensuite la maçonnerie à assises égales dans toute l'étendue
du bâtiment.

Les fondements sur le sable ne nécessitent
aucun travail extraordinaire quand le sable est
ferme, mais lorsqu'il est mouvant et rempli de
sources, le meilleur parti à prendre après avoir
tracé les alignements, et rassemblé les matériaux, est de ne fouiller la terre que pour le
travail d'un jour et aussitôt après de remplir
l'excavation d'une assise de gros libage, sur
laquelle on en pose un autre en liaison, avec
du ciment ou du bon mortier préparé avec
une chaux hydraulique, en continuant d'élever
assise sur assise jusqu'à fleur de sol. Le lendemain on opère de même à côté de la maçonnerie déjà commencée et l'on continue ce travail jusqu'à ce que les fondements soient ter-

minés. L'importance est d'opérer vite et d'éviter l'inconvénient des épuisements. Du reste la maçonnerie des fondements n'est pas plus tôt terminée qu'elle est affermie, et l'on peut lui faire porter sans crainte les constructions les plus considérables.

Les fondements les plus difficiles sont ceux que l'on fait dans des lieux marécageux où, pour l'ordinaire, il faut avoir recours aux épuisements continuels que l'on opère à l'aide de pompes, chapelets ou autres machines. Quelquefois aussi on est obligé d'établir des batardeaux afin de pouvoir creuser assez bas dans la terre pour y enterrer le pied du mur.

Quoiqu'il en soit, il est rare que l'on puisse se dispenser de pilotis dans de tels terrains, parce que le fond résistant y est à une trop grande profondeur. En conséquence on détermine par un pilot d'essai, que l'on enfonce jusqu'au refus du mouton, la longueur de ceux qu'on doit employer, et cette longueur reconnue, on en garnit les deux côtés de la fondation en proportionnant leur distance à la quantité dont on croit avoir besoin pour faire un ouvrage solide.

La profondeur à laquelle on doit creuser les fondements est variable, selon la nature du sol et l'importance de la construction : en général

sur toute espèce de terrain, le roc excepté, on
doit enfoncer les fondations d'une bâtisse au
moins de 60 centimètres à un mètre au-dessous du niveau du terrain environnant.

Des Murs

La maçonnerie des fondations doit être établie d'abord de niveau, autant que possible,
et élevée d'aplomb contre les terres voisines.

L'usage même dans bien de cantons, est de
remplir les tranchées des fondations en grosses pierres sèches sans mortier quelconque jusqu'à 30 à 36 centimètres du niveau du terrain
voisin; mais le mortier me paraît d'autant plus
nécessaire dans les fondations, qu'elles sont
plus exposées que tout autres maçonneries à
recevoir les égoûts des toits et des terres voisines, et que sans mortier, elles offrent nécessai-
rement de plus grandes facilités aux rats, aux
taupes, et à tous les animaux de ce genre, de
s'introduire dans les habitations où quelquefois
ils sont très-nuisibles.

Dans tous les cas, c'est sur cette maçonnerie des fondations, qu'on établit la nette maçonnerie supérieure, en la réduisant à l'épaisseur
et à la direction qu'elle doit présenter au-dessus
desdites fondations.

Les nettes maçonneries doivent ensuite être élevés d'aplomb, surtout à l'extérieur, et conduites de niveau par nœuds de trois assises de hauteur bien dressées au cordeau.

On commence par les angles que l'on construit en pierre de taille ou au moins avec les plus gros et les meilleurs moellons posés alternativement de face et par bout, le reste de chaque parement se remplit avec des moellons ordinaires, épincés au marteau pour les réduire à la même épaisseur.

Dans tous les murs peu épais, il faut des boutisses de longueur suffisante pour faire parement des deux côtés. On les appelle parpaing : on les place en échiquier pour procurer plus de solidité.

Pour qu'une bâtisse soit faite dans les règles, il faut : 1° que les pierres et les moellons soient sur leur lit de carrière, parce qu'autrement elles éclatent et n'ont aucune force pour supporter la partie supérieure ; 2° les placer de manière qu'elles se croisent, s'il est possible, dans l'intérieur bien garni de pierres et pierrailles, de manière à bien liaisonner les deux parements : 3° que toutes les assises soient bien enfoncées dans le mortier, de manière à porter l'une sur l'autre sans intermédiaire. En général de nos jours on n'emploie pas assez de

mortier dans les constructions. Les démolitions
des anciens édifices prouvent qu'à l'exception
des parements, toutes les pierres de l'intérieur
étaient comme noyées dans le mortier.

Avec d'aussi bonnes pierres et même de meilleures que les anciens peuples, nous faisons
de mauvaises constructions, parce que nous ne
soignons pas nos mortiers comme eux, qui,
indépendamment de la chaux éteinte, y intro-
duisaient toujours une portion de chaux vive
et les employaient sur-le-champ.

Le mortier est le liément ou gluten destiné à
unir ensemble les pierres, les moellons, les cailloux, les briques, dont se compose une maçonnerie et n'en faire qu'un seul corps. Le meilleur
est celui qui à la faculté de sécher promptement,
unit celle d'acquérir bientôt la consistance de
la pierre; tels sont ceux de chaux vive, fut-elle
grasse à plus forte raison de toutes les autres.

Dans les constructions il ne faut pas oublier
d'apprécier la solidité ou la résistance des murs
et les points d'appui. Cette résistance est toujours en raison directe de la dureté absolue des
matériaux qui les composent. Ainsi, par exemple, une colonne de basalte d'Auvergne de 9
pouces de diamètre et une pierre de grès tendre de 58 pouces supporteraient l'une et l'autre le poids d'un million, la première matière

pesant environ 210 livres le pied cube et la seconde 120. Ainsi l'on peut dire en général qu'un mur dont on conçoit les dimensions relativement à une espèce quelconque de matériaux, doit être augmenté ou diminué en force, en raison de la différence de poids d'une autre matière dont on voudra le construire.

Mais il est une autre observation encore plus importante à faire, c'est la stabilité ou proportion qui doit exister entre l'épaisseur d'un mur et sa hauteur; car, quoique le calcul prouvât que puisque le pied superficiel d'une pierre dure porte 140 milliers, un mur de cette pierre de 80 pieds de hauteur pourrait n'avoir que 1 pouce d'épaisseur ce serait ridicule à avancer, puisque ce mur n'aurait point assez de stabilité de pied pour se soutenir.

Des observations judiciaires ont fixé pour les murs isolés une épaisseur du 8me de la hauteur pour une aussi forte stabilité intrinsèque, parce qu'ils s'arc-boutent les uns les autres et se donnent une stabilité d'union qui rend par conséquent la première moins exigeante.

Des murs ordinaires

Dans les murs d'une maison on distingue les murs de face, qui sont établis sur la rue et qui

forment le grand côté de la maison ; les murs
latéraux qui prennent le nom de murs de pignon
lorsqu'ils s'élèvent jusque sous le rampant d'un
toit à deux égoûts ; les gros murs, qui s'élèvent des fondations et qui portent les combles
et les grandes charges de l'édifice ; les murs
de refend, qui portent concurremment avec les
gros murs, les planchers, et qui servent d'ados-
sement aux cheminées ; et les murs de décharge
dans la construction desquels on pratique des
arcades pour décharger certaines parties inférieures de l'édifice du poids des constructions.

CHAPITRE TROISIÈME

Des divers modes de Construction

Examinons seulement les modes de construction les plus en usage aujourd'hui en commençant par les constructions en pierre de taille

Construction en pierre de taille

La meilleure manière de bâtir est en pierre de taille, surtout lorsque cette pierre est dure et qu'elle résiste aux intempéries des saisons ; mais comme ce mode de construction est pour l'ordinaire fort coûteux, on n'y a guère recours que pour les faces de grands bâtiments. Alors on met celle qui est la plus dure dans les assises inférieures, et on réserve la plus légère pour les étages supérieurs, ayant soin cependant de ne jamais employer celle-ci pour les appuis, les chaînes sous les poutres, et les jambes boutisses.

Dans les constructions fort soignées lorsque les surfaces des pierres de taille sont bien unies on peut se contenter de poser les pierres les unes sur les autres sans employer de mortier ou seulement en mettant entre chacune une mince lame de plomb, les pierres sont maintenues alors à leur place par leur propre poids et les joints sont presque insensibles.

Dans les cas ordinaires, on se contente de préparer un mortier fin que l'on fait entrer entre les joints à l'aide d'une scie à main. On le retient dans les joints au moyen d'un peu de filasse.

Quelque fois on relie les pierres de taille avec des tenons de fer, mais ce moyen a l'inconvé de faire éclater les pierres au bout d'un certain temps. Parce que le fer augmente de volume en se rouillant.

Le principal défaut des pierres de taille provient de ce que les tailleurs donnent à leurs lits une surface conconve, de manière qu'en parement les joints ont tout au plus un ou deux milimètres d'épaisseur, tandis qu'à l'intérieur ils en ont cinq à 6, et il arrive alors que la charge se porte sur les bords qui se brisent, et forme des lézardes profondes. Il faut donc bien faire attention que les tailleurs de pierre donnent aux lits une surface parfaitement plane et plutôt convexe que concave.

Construction moyenne.

Il y a une maçonnerie moyenne dans laquelle les encadrements sont seuls en pierre de taille tadis que le remplissage est en moëllons ou en briques, avec mortier de chaux et sable; cette manière de construire est d'autant plus solide, que l'on a plus de soin d'employer de bonnes pierres de taille à toutes les places où se fait le plus grand effort; comme aux encoignures, aux entourages des portes et des croisées.

Construction en liaison

La bâtisse en liaison est celle dans laquelle on emploie des pierres qui ne traversent pas et qu'on nomme carreaux, et des pierres boutisses qui traversent. Ces pierres doivent être posées en recouvrement de manière à ne laisser aucun vide dans le milieu de l'épaisseur du mur, et à éviter le remplissage. Ainsi, dans un mur de 64 centimètres d'épaisseur, par exemple,

3*

les pierres doivent avoir les unes de 35 à 40 centimètres de long et les autres de 20 à 24 centimètres pour faire bonne liaison. Alors il n'y a pas de vide dans le milieu du mur, et on ne court pas le risque de le voir se creuser dans son milieu. Si les carreaux n'avaient pas les proportions que nous avons indiquées, il faudrait faire un fréquent usage de pierres boutisses pour les maintenir et empêcher la séparation des deux moitiés du mur.

Les pierres dont on fait usage dans cette espèce de maçonnerie sont équarries dans leur longueur, et piquées en tête. On les place de manière que les joints verticaux tombent toujours sur du plein, c'est-à-dire sur le milieu d'une pierre ou à peu près.

Construction en Cailloux

Dans quelques localités on bâtit en cailloux, employés seuls, ou mélangés avec des briques ; dans l'un et l'autre mode, on pose les cailloux de champ inclinés et par assises.

Lorsque l'on met alternativement des assises de cailloux et de briques, on pourrait dans les fortes épaisseurs réserver les briques pour les deux parements et remplir l'intervalle de cailloux à bain de mortier, et à chaque cinq à six

assises on placerait une ou deux assises de briques formant parpaing pour relier et consolider
le tout.

Construction en moellons bruts

Cette maçonnerie appelée Limousinage ou
Limosinage consiste dans l'emploi des moellons
posés sur leurs lits, sans être équarris ni piqués,
et dont on ne retranche pas même toujours le
boussin. Ce genre de maçonnerie n'a lieu que
pour des murs qui doivent recevoir un enduit
aussi les dehors sont-ils fort raboteux.

Le limousinage est employé tantôt avec des
chaînes de pierres de taille ou des briques. Ce
genre de bâtisse est le plus usuel dans les campagnes.

Construction en blocage

Dans certaines provinces dépourvues de grosses pierres on fait un grand usage de menues
pierres et d'un mortier prenant très-vite.

On appelle ce genre de maçonnerie blocage.
Les Romains en faisaient un fréquent usage
comme l'attestent les vestiges qui nous restent
de leurs monuments ; la qualité de leur mortier

qui prenait très-vite leur permettait d'employer jusqu'aux simples cailloux des torrents; ce qui nous explique comment ils purent élever en si peu de temps de si immenses ouvrages.

Construction en Briques

La maçonnerie en briques est d'un grand usage dans tous les pays où la pierre est rare et de mauvaise qualité, et elle présente une grande solidité quand la brique est faite de bonne terre et bien cuite. Si la brique était tendre et spongieuse il faudrait éviter de l'employer dans les fondements, parce que l'humidité ne tarderait pas à la pourrir, et ne la réserver que pour les murs intérieurs, car il ne conviendrait pas de l'employer à l'extérieur pour des constructions destinées à une longue durée.

Lorsqu'on bâtit en briques, il convient de placer des quartiers de pierres de taille, au haut, au bas et au milieu des jambages des portes et des fenêtres, afin de recevoir les gonds, les gâches et autres divers objets qui demandent à être scellés.

L'épaisseur des murs de briques est désignée communément par l'énonciation de la quantité

de briques ou de parties de briques qui constituent cette épaisseur. Ainsi, l'on dit d'un mur
qu'il est de deux ou trois briques d'épaisseur,
lorsqu'il est formé de deux ou trois briques mises
bout-à-bout. Il est de deux briques et demi,
s'il est forméde deux briques dans le sens de
leur longueur, auxquelles on en ajoute une dans
le sens de sa largeur. Enfin, il est d'une brique, d'une demi brique, d'un quart de brique
se lonqu'il est formé par la largueur ou l'épaisseur
d'une brique. Dans ce dernier cas la brique est
mise de champ, ce qui n'a guère lieu que pour
des séparations peu importantes, et pour la solidité desquelles on place tous les deux ou trois
mètres des poteaux en bois fixés au plancher d'en
haut et à celui de desssous.

Construction en Pisé

Pour construire une maison en pisé, il faut
jeter des fondements en pierres et en mortier;
on enlève ensuite cette maçonnerie à fleur de
terre ou à deux pieds environ au-dessus du sol.
On met sur ce mur une espèce de caisse appelée banche, formée par deux planches qui
sont à la distance déterminée par l'épaisseur
du mur qu'on veut construire; on jette entre

ces planches une couche de terre à pisé qui n'a que deux ou trois pouces d'épaisseur, et qu'on presse bien avec un battoir ; on en met une seconde et successivement. Cette manière de construire les maisons est très-ancienne, elle est peu coûteuse et fort expéditive ; elle est en usage dans un grand nombre de contrées de l'Europe où les pierres sont rares.

Toutes les terres qui ne sont ni trop grasses ni trop maigres, peuvent servir à faire du pisé ; la meilleure est celle qui est un peu jaune ou rougeâtre, un peu graveleuse et susceptible de compression quand on la serre dans la main. Il faut laisser sécher le pisé environ un an avant de le crépir avec du mortier, autrement l'humidité qui reste repousse le crépissage et le fait tomber.

Construction en torchis.

On appelle torchis des espèces de cloisons faites avec des pieux plantés en terre et entrelacés avec des cordes de foin et de paille et fortement enduits de terre grasses.

La Perse, l'Arabie, la Tartarie, l'Abyssinie, le Pérou, le Limousin, le Périgord et plusieurs autres pays nous présentent des maisons d'ha bitation construites d'après ce système.

Le torchis est assez solide mais il exige un crépissage pour qu'il puisse résister à la pluie ce moyen de construire est assez économique mais il a l'inconvénient grave de donner asile aux rats et aux souris.

Élévation des Murs

Il faut observer comme nous l'avons déjà dit, de faire les premières assises du rez-de-chaussée en pierre de taille ou du moins en bons bibages ; toutes les fois que l'importance de la construction le demande, et de placer ces pierres par assises égales, bien de niveau et dans le même sens qu'à la carrière ; à cet effet, on les appareille avec soin, et on les lie avec un mortier bien fin. L'épaisseur que l'on donne aux murs varie selon la destination du bâtiment mais dans les villes, où toutes les maisons s'appuient l'une à l'autre, on a coûtume de ne leur donner que deux pieds d'épaisseur pour dix toises d'élévation. Les fondements doivent avoir en surplus une épaisseur de dix pouces. Dans l'élévation des murs, on observe de ménager en dehors de trois à six lignes de talus en retraite pour chaque toise, et de les construire d'aplomb en dedans.

Les murs de refend demandent les mêmes précautions générales que les murs de face, seulement on les fait toujours moins épais. Quand on les destine à supporter les planchers ils doivent avoir néanmoins une solidité considérable et il convient de les élever à quelques pieds de terre, en pierre dure sur de bons fondements, afin de les préserver de l'humidité. Du reste leur épaisseur varie selon l'importance de la construction et les divers cas.

L'épaisseur de 18 pouces est fort convenable dans les maisons particulières; cependant on se contente plus souvent de 1 pied; et même lorsque la construction est en briques on ne le fait que de 8 pouces. Quand ces murs ne sont pas destinés à supporter des plancher, on peut ne leur donner que l'épaisseur d'une demi-brique, ou d'un quart de brique, mais alors il convient de consolider le refend par des montants et des traverses en bois.

Quelquefois même on les construit en planches latées que l'on recouvre d'un enduit.

Voûtes

Les voûtes sont des ouvrages de maçonnerie faits en arc et dont les pièces se soutiennent les unes sur les autres.

Dans les voûtes de grande importance on n'emploie que de la pierre de taille dure, et l'on appareille les voussoirs avec un soin particulier ; mais qu'elle que soit l'ouverture de ces voûtes leur solidité est d'autant plus grande que les voussoirs ont plus de queue.

Une voûte faite avec de semblables pierres, n'emprunte aucune partie de sa solidité à la qualité du mortier que l'on y emploie.

Il n'en est pas de même dans les voûtes que l'on construit avec des brique. Comme les briques sont d'égale épaisseur dans les deux bouts on ne peut les retenir en place qu'avec du mortier, le mortier de plâtre qui prend sur le champ, est le meilleur dont on puisse user en ce cas. Mais le plâtre a le défaut de pousser les murs en dehors. Comme le mortier de chaux vive sèche très-lentement il serait bon pour en hâter la dessiccation d'y mêler de la chaux vive au moment qu'on l'emploie.

Dans les pays où la brique est rare on construit les voûtes en moellons piqués en tête, équarris et éboussinés, que l'on pose avec du mortier simple ou avec du mortier de chaux et sable ou avec du plâtre gâché en ayant soin de faire tendre les coupes au contre de la voûte. Quelquefois on ajoute à la solidité des voûtes,

en les fortifiant par des arcs en pierres de
taille.

Toits

La couverture de tuile pèse environ 350 kil.
la toise carrée ou les 4 mètres carrés ; celle
d'ardoises d'Angers 175 kilos, et celle de zing
30 seulement.

Ceci est essentiel à savoir, afin de pouvoir
proportinner la force et le nombre des pannes
et des chevrons. Le zing laminé se vend à raison
de 35 fr. les 50 kilog. La grande économie de
ce nouveau genre de couverture réside dans
l'absence presque totale de la charpente, qui dans
ce cas se réduit à un simple plancher de madriers.

Murs de Terrasse

Les murs de terrasse ou de soutènement diffèrent des précédents en ce qu'ils n'ont qu'un
parement, et qu'ils sont faits pour retenir et
butter les terres contre lesquelles ils sont ap-
puyés. On en fait de deux espèces ; les uns fort
épais sans contre-forts, les autres moins épais
avec contre-forts. Leur épaisseur, du reste, est

variable selon l'inclination et la nature des terres qu'ils sont destinés à soutenir, et encore selon la position plus ou moins défavorable où on les construit. Ces murs doivent toujours être très-solides, parce qu'ils sont exposés à une forte poussée lattérale surtout pendant les temps de pluies et fonte de neiges, parce que les terres ont alors une plus grande tendance à s'ébouler. Pour les rendre solides, on leur donne une épaisseur considérable, et on les incline encore considérablement vers les terres qu'ils doivent soutenir; et lorsqu'on ne leur donne pas une épaisseur, on les soutient par des contreforts. Dans le cas où on ne les élève pas en talus, on ajoute à leur épaisseur, et l'on place en dedans les contre-forts qui auraient dû être placés à l'extérieur. Les meilleurs murs de soutènement que l'on puisse faire sont ceux que l'on construit en pierre de taille ou en forts moellons.

Dans la construction des murs de soutènement il est d'usage de ménager dans leur épaisseur des ouvertures verticales longues et étroites afin de permettre à l'humidité des terres de s'exhaler et de diminuer d'autant leur poussée. Ces ouvertures se nomment *évens*.

Murs de Clôture

Ses murs de clôture ressemblent aux murs

de soutènement, toutes les fois qu'ils sont placés dans des endroits dont le terrain n'est pas également élevé des deux côtés. Dans ce cas, on leur donne une épaisseur et un talus proportionnés à l'effort qu'ils ont à soutenir, et on y dispose également des *evens*. Dans les autres cas, leur construction ne présente rien de particulier; on les élève avec fruit de chaque côté, et comme il sont rarement en pierre de taille on se contente de les fortifier de trois en trois mètres par des chaînes de cette pierre ou de brique.

On distribue quelquefois d'espace en espace des pierres qui forment le parpaing et qui liant le moellon sur deux faces ajoutent à la solidité du mur. Il est avantageux de faire les premières assises d'un cours de parpaing, ou au moins de moellons piqués. Les murs de clôture de quelque importance doivent être couverts d'un chaperon en pierre de taille ou du moins de fortes pierres.

CHAPITRE QUATRIÈME

Observation sur le choix d'un emplacement pour construire à la campagne et sur la manière de rendre les habitations salubres.

Emplacement. — Orientement. — Salubrité

La salubrité si essentielle dans une habitation de la campagne et ses dépendances, dépend de quatre causes principales: 1° de l'emplacement; 2° de l'orientement; 3° de la distribution; 4° des moyens naturels ou artificiels qu'on peut employer pour l'obtenir.

1° L'emplacement

« Si l'on est à même de choisir, il faut bien
« étudier d'abord le site, le climat, la nature du
« sol, la situation des sources et la direction
« des vents dominants ; examiner la position
« des chemins et des fleuves environnants, la
« distance de la ville voisine et la situation des
« terres qu'on veut exploiter.

« Autant que possible, on tachera de se fixer
« au centre de l'exploitation et sur pente douce
« afin d'obtenir à volonté l'écoulement des eaux
« pluviales, sans ravins et à peu de frais, et de
« conduire les eaux des fumiers et des étables
« où l'on voudra ; sur un terrain enfin, où,
« faute de source ou d'eau courante, on puisse
« faie faire des puits peu dispendieux, et dont
« l'usage ne soit pas être rendu trop pénible par
« leur grande profondeur et leur largeur ; sinon
« des citernes assez grandes et assez profondes,
« sans trop de travail.

« Une source, une fontaine, un ruisseau, dé-
« terminent ordinairement la position des bâti-
« ments, parce que non-seulement l'eau est de
« première nécessité, mais aussi parce que,
« dans certains lieux, les moyens usités pour se

« la procurer peuvent être incertains, et sont
« toujours dispendieux.

« Cependant, comme les sources, les fontaines
« et les ruisseaux sont ordinairement des lieux
« bas, toujours insalubres, il faut que les bâ-
« timents en soient à une certaine distance et
« dans une position plus élevée, autrement
« les rosées étant plus fortes, le serein plus
« dangereux, l'air moins renouvellé, et des
« miasmes putrides, suite de cette humidité
« permanente, en rendront le séjour dangereux,
« et si cette influence déjà tant à craindre était
« rendue plus redoutable par une saison cons-
« tamment pluvieuse, la dégradation des bâti-
« ments s'en suivrait, la pourriture deviendrait
« générale et le bétail souffrant serait bientôt
« écrasé dans ses charrois.

2° Orientement

« L'exposition la plus favorable aux bâti-
« ments ruraux est absolument relative à leur
« destination et à la position topographique de
« la localité, les vents dominants surtout doi-
« vent être consultés ; des chaînes de montagnes
« les brisent et les font refluer.

« Les marais et les étangs les changent de

« miasmes et de vapeurs insalubres ; enfin, il
« y a une infinité d'autres causes physiques,
« toujours agissantes, qu'on ne peut prévoir
« ni décrire.

« En général, l'exposition nord et sud pa-
« raît la plus saine et par conséquent la plus
« favorable pour la demeure de l'homme ; cette
« double exposition procurant à son habitation
« l'avantage d'être moins froide l'hiver en sup-
« primant l'usage des ouvertures au nord, et
« celui non moins grand de pouvoir tempérer
« les trop grandes chaleurs de l'été par des
« courants d'air venant du nord au midi. L'ex-
« position principale du levant au midi est très-
« avantageuse aussi dans les contrées du nord,
« celle du nord-ouest, ou de l'ouest sont géné-
« ralement regardées comme les plus malsai-
« nes pour les habitations.

« La volaille, les abeilles et les pigeons ne
« prospèrent qu'aux expositions du levant et du
« midi ; dans les pays chauds, le nord convient
« mieux à la santé des quadrupèdes ; dans les
« climats froids, il faut préférer les expositions
« du levant et du midi.

« Enfin, le nord est la meilleure exposition
« pour la conservation des grains et des four-
« rages, tandis que les racines et autres légu-

« mes d'hiver que l'on veut préserver de la ge-
« lée exigent le contraire (1).

3° Distribution

Par ce mot on entend l'ordre dans lequel les bâtiments doivent être placés autour d'une habitation principale, on doit l'établir d'après l'importance que le propriétaire attache à chaque espèce d'exploitation, à la surveillance de chacun de ses bâtiments; en sorte que ceux qu'il doit surveiller plus fréquemment soient plus près de son habitation ; la prudence veut aussi que les récoltes les plus susceptibles de propager ou de déterminer un incendie soient entièrement isolées.

Dans la distribution des différentes pièces qui composent un corps de bâtiments d'exploitation rurale ou autre on doit le faire avec goût et convenance, en sorte que leur ensemble présente un coup-d'œil régulier et agréable. Un corps de bâtiments doit toujours autant que possible offrir l'agréable et le commode.

4° Salubrité.

« Pour obtenir la salubrité des bâtiments,

---

(1) M. de Fontenay. Des construction rustiques.

« tout aussi désirable que leur solidité, comme
« on n'est pas toujours maître de leur position
« et de leur orientement, on doit considérer
« que l'humidité, principale cause de leur dé-
« gradation successive, est aussi le foyer du
« mauvais air qui affecte toujours plus ou moins
« les hommes et les animaux, et le principe
« de toutes les maladies qui abrègent leur
« vie.

« L'humidité d'ailleurs est l'état de tempéra-
« ture le plus favorable à la fermentation des
« grains, des boissons et à la multiplication des
« animaux.

« Cette humidité, si nuisible dans l'intérieur
« des bâtiments, est souvent occasionnée par
« celle du sol même, sur lequel ils ont été
« bâtis. Quelquefois elle est l'effet des pluies
« et des vents dominants qui, avant de les frap-
« per, ont traversé des étangs ou des marais et
« en ont déplacé les miasmes.

« Dans le premier cas, il faut assainir le
« terrain naturellement trop humide ; tenir le
« rez-de-chaussée du bâtiment qu'on veut éle-
« ver dessus à un niveau supérieur à celui du
« dehors, et établir son carrelage ou pavé sur
« un lit de terre absorbante, de charbon de
« bois pulvérisé, de tan ; de mâchefer, de sciure

« de bois, de tuiles ou de briques concas-
« sées.

« Si l'humidité est due à celle du terrain et
« occasionnée par un terrassement supérieur, il
« faut ouvrir des fossés de trois à quatre mè-
« tres de large, sur une profondeur suffisante
« pour que le niveau du rez-de-chaussée soit
« supérieur de 5 à 6 décimètres de celui du
« terrain extérieur.

« Dans le deuxième cas, c'est-à-dire lorsque
« l'insalubrité des bâtiments est due à l'in-
« fluence des vents dominants, il faut, autant que
« posible, supprimer toutes les ouvertures à ces
« expositions contraires, et les multiplier aux
« autres aspects (1). »

« Il est nécessaire et utile de procurer à tous
« les bâtiments ruraux des airs croisés qui
« puissent en assainir l'air intérieur dans les
« temps humides, et les rafraîchir dans les gran-
« des chaleurs.

« Il faut avoir la même attention pour les
« chambres à blé, les greniers à avoine, les
« chambres aux laines, aux légumes secs, et
« pour les caves et les celliers avec cette dif-
« férence qu'il ne faut leur laisser d'ouvertu-
« res au midi, lorsqu'on ne peut s'en dispen-

---

(1) M. de Fontenay, constructions rustiques.

« ser, qu'en moindre nombre possible, et les
« multiplier du côté du nord. Cette dernière
« exposition étant la plus favorable à la con-
« servation des denrées, et la plus contraire à
« leur fermentation ainsi qu'à la multiplication
« des insectes destructeurs. (M. de Perthuis.) »

Lorsqu'on ne peut établir dans une chambre des airs croisés pour y renouveler l'air
vicié, voici la méthode qu'on peut employer
pour cela. Il faut pratiquer une ouverture dans
la partie supérieure de la chambre, et un autre
dans sa partie inférieure; alors si par la chaleur ou des émanation quelconques, l'équilibre
atmosphérique est rompu, il s'établit deux courants, l'un d'air vicié, allant du dedans au dehors, et l'autre en même temps amenant l'air
frais de l'extérieur. Cette méthode de renouveler l'air d'un appartement se nomme ventila-
tion.

Pour empêcher l'humidité de pénétrer dans
les fondations d'un bâtiment, d'où elle monte
et se répand dans tout son intérieur, comme
on a vu dans le chapitre précédent, il serait
à propos de les entourer d'un petit fossé en
pente douce qui faciliterait l'écoulement des
eaux pluviales, dont on peut déjà détourner
une grande partie par des chenaux posés immédiatement sous les toitures. Indépendamment

des précautions indiquées plus haut, la salubrité des bâtiments dépend aussi beaucoup de la propreté avec laquelle on les tient ; on ne saurait trop la recommander à leurs habitants, tant pour eux-mêmes que pour leurs bestiaux et leurs denrées.

Il peut arriver que, par suite de maladies contagieuses, pestilentielles ou épizootiques il y ait du danger à faire habiter des bâtiments, soit par des hommes soit par des animaux, avant d'avoir neutralisé les miasmes méphytiques qui pourraient compromettre leur santé.

Voici les principaux moyens d'assainir ces bâtimentset de les rendre aussi salubresqu'au paravant.

S'il est question des maladies pestilentielles, il faut d'abord brûler tous les vêtements et le linge de ceux qui auront été attaqués et même leurs meubles. Ensuite gratter les murs intérieurs, les planchers, décarreler les chambres, les carreler à neuf et réenduire les murs, le tout à chaux vive, s'il est possible ; employer pour désinfecter les logements, les fumigations de genièvre, le chlorure de chaux vive, et autres moyens que le moindre pharmacien peut indiquer.

Les mêmes précautions doivent être prises à

l'égard des écuries, des étables et des bergeries infectées par différentes maladies épizootiques.

CHAPITRE CINQUIÈME

Des Etables, Ecuries, Bergeries etc.

Les écuries sont la partie d'un bâtiment, au
rez-de-chaussée, affectée au logement des chevaux, des mulets et des ânes. Les étables dont
nous nous occuperons tout à l'heure sont les
logements des bœufs, des vaches et des chè-
vres. Les bergeries sont généralement affectées
au logement des moutons. Enfin les rangs ou
toits à porcs, sont comme l'indique le dernier
mot, affecté au logement des cochons et des
pourceaux.

Tout dans ces sortes de logements doit être
donné au nécessaire et rien au superflu. Ce n'est
pas que nous voulions dire qu'il ne faille pas
les édifier en bonne maçonnerie mais seulement d'une manière moins dispendieuse que

4*

lorsqu'il s'agit de se construire un logement à soi.

Ainsi, si la localité est chaude, de simples abris suffisent; si elle est froide, il faut un logement des plus chauds. On ne doit cependant pas trop s'écarter des usages reçus, un changement subit pouvant être nuisible aux animaux et préjudiciable au propriétaire.

Ainsi, par exemple, dans le Charollais, dans la Normandie et dans plusieurs autres provinces de France et même des îles Britanniques, dont la latitude est cependant assez froide, les bœufs, les vaches et même les chevaux restent jour et nuit, pendant toute l'année dans les pâturages. Ainsi de simples hangars peuvent y suffire pour les abriter contre les grandes chaleurs de l'été et les grands froids de l'hiver; mais si ces bestiaux étaient habitués depuis longtemps à être logés chaudement nuit et jour ou seulement la nuit, il faut établir leur logement de manière qu'ils n'aient ni trop chaud en été, ni trop froid en hiver. Dans tous les cas, il faut prendre les précautions convenables pour y entretenir la salubrité.

Ecurie.— Leur position, leur forme et leurs Dimensions.

Dans une habitation rurale et partout ailleurs,

il est convenable que les écuries soient placées
du même côté, et les étables du côté opposé.
Pour les chevaux l'exposition du nord est préférable à celle du midi, attendu que le vent
du nord est plus sain, et rafraîchit plus que
les autres vents; pendant l'hiver cependant,
l'exposition du midi est plus avantageuse; c'est
pourquoi il faut à toutes écuries des ouvertures aux deux côtés opposés; c'est aussi le moyen
d'y renouveler l'air et d'y entretenir la salubrité,
sauf à fermer momentanément celle de ces fenêtres qui ne conviendraient pas, ou offriraient
quelqu'inconvénient. D'un autre côté, la prudence exige que les écuries soient suffisamment
éclairées, afin que les chevaux ne s'effraient pas
en sortant en voyant brusquement la lumière,
et que ceux qui les soignent puissent les panser commodément, aussi bien que nettoyer tout
ce qui leur est relatif.

Les écuries sombres font un tort infini aux
yeux des chevaux, ausi on en voit une multi-
tude de borgnes et d'aveugles dans les campagnes, où on les tient dans des écuries trop
obscures; il faut donc aux chevaux des fenêtres, mais il ne faut pas que ces fenêtres soient
placées directement devant leur vue. Il faut
autant que possible que le jour ne leur tombe
que sur leur croupe, sans cette précaution il

auraient à en souffrir.

. Le sol des écuries doit être plus élevé que celui du dehors : toute écurie enterrée est toujours malsaine parce qu'elle est humide et qu'humidité et chaleur sont deux causes effectives de putréfaction. Le sol sur lequel repose le cheval doit être un peu doux et pavé pour donner un écoulement aux urines, le cheval souffre sur un plan trop incliné et ne repose pas bien. Cette inclination doit être d'environ 1 pouce sur neuf pieds.

Les écuries, les étables et les bergeries doivent être éloignées des poulaillers, des toits à porcs et des tas de fumier, et enfin de tout ce qui produit une odenr forte et putride. Les urines doivent être conduites par un ruisseau dans un puisard placé à l'extérieur du bâtiment.

Les écuries sont simples ou doubles selon qu'elles peuvent contenir des chevaux d'un seul côté, ou des deux côtés opposés ; une écurie simple doit avoir au moins 4 mètres de largeur et une double 7 à 8 mètres ; leur longueur ne peut-être fixée que selon le nombre de chevaux qu'elles doivent contenir ; leur hauteur doit être de 3 à 4 mètres.

Uu cheval à l'écurie, dont les mouvements ne sont point gênés, autour duquel règne un courant d'air tempéré et qui ne touche pas son voisin se porte mieux que celui qui est pressé et serré de tous côtés.

Il faut environ 1 mètre 50 centimètres à 2 mètres de largeur pour la place d'un cheval. Les séparations se font avec des barres ou des madriers, alors il se couche et se relève quand il veut; il mange tranquillement son foin et son avoine sans craindre les coups de pieds et les coups de dents de ses voisins.

Les portes d'entrée doivent être de 1 mètre 50 cent. à 2 mètres de largeur, sur 2 mètres 50 à 3 mètres de hauteur ; une porte extérieure à claire-voie est souvent utile, même nécessaire pour laisser l'air circuler librement, et surtout pour empêcher les poules d'aller partager l'avoine des chevaux et leur laisser des plumes en échange, ce qui leur est très-souvent nuisible.

Le long des murs règnent le râtelier et la crèche. Le râtelier est, comme tout le monde sait, une grille en bois, à barreaux parallèles, assez écartés pour que la bouche du cheval puisse y passer pour en tirer le foin qu'on y jette. Le râtelier est élevé au-dessus de la crèche d'environ 66 centimètres et forme un plan incliné dont la base est la muraille contre laquelle il est appuyé, et le haut en est un peu plus écarté et est soutenu par des tirans de fer horizontaux ou par des piliers.

La crèche est une auge en bois ou en pierre d'environ 35 centimètres de profondeur sur 33 cent. de largeur placée parallèlement au-dessous du râtelier pour retenir le foin, la paille, le regain et les graines qui s'en échappent. C'est aussi là qu'on met l'avoine, les favarolles, le son et les racines qui leur sont destinés. Le bord supérieur de la crèche est élevé de 1 mètre 50 cent. au-dessus du sol. Quelquefois on en garnit le bord de feuilles de tôle pour empêcher que les chevaux ne rongent le bois.

Quant aux fenêtres, il n'est pas nécessaire qu'elles soient vitrées parce que leur entretien serait trop coûteux. Un simple volet fermant bien, qu'on peut ouvrir à volonté, peut suffire pour les garantir du froid et du chaud ; si les mouches les tourmentent un peu trop pendant les chaleurs de l'été et de l'automne on ferme les volets presque entièrement, alors les mouches ont moins d'activité et les animaux sont plus au frais. Pour garantir les chevaux des mouches on peut encore les frotter avec des feuilles de noyer et leurs harnais et râtelier avec de l'huile de laurier. Beaucoup de personnes font usage de ces deux spécifiques pour éloigner ces insectes de leurs appartements. Il faut avoir soin de placer dans l'écurie une armoire pour recevoir les instruments et ustensiles nécessaires à panser les chevaux, tels qu'étrilles, brosses, baquet, etc.

Sellerie

La sellerie est une pièce attenante à l'écurie et aux étables pour recevoir les harnais, les selles, les brides des chevaux et les jougs des vaches. Cette pièce doit avoir jour au nord et au levant, afin qu'en fermant l'un ou l'autre, les cuirs ne soient sujets ni au dessèchement ni à la moisissure.

Elle sera garnie dans tout son pourtour de chevilles, de crochets et de chevalets pour recevoir les divers objets qu'on aura à suspendre.

Etables

Les dispositions générales des étables diffèrent fort peu de celles des écuries ; cependant leur exposition au nord n'étant pas aussi impérieusement commandée que celles des écuries et de plus la séparation de ces corps de bâtiments assez utiles ; on devra les exposer de préférence au midi, en ayant toujours soin de disposer des ouvertures opposées les unes aux autres, pour laisser à l'air une libre circulation, sans toutefois omettre les volets nécessaires pour mettre les bestiaux à l'abri du froid rigoureux ou de l'excessive chaleur.

La moindre largeur d'une étable simple est de 4 mètres 50 centimètres; et la longueur proportionnée au nombre des bêtes à cornes qu'elle doit loger. Un bœuf demande un espace de 1 mètre 33 centimètres et une vache 1 mètre 66 centimètres; ainsi pour 12 vaches ou bœufs il faut que l'étable ait de 18 à 20 mètres de longueur sur 4 mètres de largeur; quand on veut que les bêtes soient disposées sur deux rangs, il est important pour l'économie du fourrage, d'y placer les mêmes systèmes de râteliers et de crèches que dans les écuries, mais il faut les placer plus bas et faire les crèches plus larges. Il conviendrait de construire les crèches en briques ou en dalles, au moins le fond, alors la propreté, si nécessaire, s'y maintiendrait plus facilement: cette méthode est préférable à celle des crèches en bois, qui se détériorent bien promptement.

On évitera avec soin qu'il ne tombe de la poussière sur les bestiaux de toutes espèces, en faisant des plafonds bruts aux planchers;

sans cette précaution, les planches gonflent par l'effet de l'humidité, de la transpiration et de l'haleine des animaux les planches se disjoignent et cette humidité, chargée de miasmes putrides, pénètre les fourrages qui se trouvent au-dessus dans la grange et les rend impropres à la nourriture des bestiaux. Le premier lit moisi de fourrage, que l'on trouve ordinairement dans les granges dont les planchers sont minces ou mal joints n'a pas d'autre cause que l'humidité qui s'élève des écuries et des étables. Les personnes qui craignent la dépense des plafonds peuvent les remplacer par des claies fortement tressées de paille, que l'on garnira ensuite dessus d'autre paille pétrie avec de la terre glaise : Cela coûte peu et remplit bien son objet.

Bergeries

C'est dans les bergeries qu'on tient pendant l'hiver les brebis.

Comme leur laine les défend parfaitement contre les rigueurs du froid, la bergerie ne doit être disposée que pour les défendre de l'humidité. Le bâtiment sera donc aussi vaste que possible, très-aéré et construit sur un sol sec ; on le maintiendra propre en ayant soin de donner un écoulement facile aux urines et de nettoyer souvent le fumier il convient que le plancher supérieur soit élevé au dessus du sol de deux ou trois mètres au moins ; des fenêtres doivent permettre d'y renouveler l'air et l'y maintenir tempéré.

En général, il faut qu'en entrant dans une bergerie, on n'éprouve ni froid, ni chaud, et qu'on n'ait pas l'odorat affecté par le gaz ammoniac.

Dans les pays chauds, de simples hangars suffisent, et même les brebis pourraient y parquer toute l'année, sans les soins qu'exigent les agneaux et les mères ; la pluie et la neige leur sont souvent funestes. Les râteliers des bergeries se placent soit le long des murailles soit au milieu ; dans ce dernier cas ils sont doubles et les brebis peuvent les entourer et manger des deux côtés. Mais quelques systèmes que l'on adopte pour le placement des râteliers, il leur faut toujours adopter une auge ou petite crèche de deux décimètres de large pour recevoir les petites feuilles et les grains qui tombent du râtelier ; sans cette crèche une partie des herbages tombe sur la litière et est foulée par les pieds des brebis et perdue pour elles. Cette auge sert aussi à recevoir le sel et les racines qu'on leur distribue de temps en temps.

L'étendue de la bergerie doit être proportionné au troupeau ; en donnant un mètre carré pour une brebis et son agneau, et un demi mètre pour un mouton, ils sont suffisamment à leur aise.

Durant l'été la bergerie reste vide. On fait coucher les brebis sur le terrains que l'on veut fumer et leurs excrétions, surtout les urines, sont un des engrais les plus profitables. Les bestiaux sont réunis dans des enceintes formées de claies portatives que l'on change tous les deux ou trois matins selon que l'on veut fumer le terrain. On donne le nom de parcs à ces enceintes. La loge du berger repose sur une espèce de charriot et quelquefois sur une civière.

Terminons ce paragraphe par deux fragments, sur le bouc, fort contradictoires :

« Une remarque fort importante, dit M. Vitry, dans son *propriétaire architecte*, et qui a été faite depuis peu d'années, c'est que le bouc a la propriété d'assainir les écuries, les bouveries et les bergeries. Un seul de ces animaux peut éloigner la contagion des plus vastes fermes. En Allemagne, on fait aujourd'hui un grand usage de ce mode d'assainissement simple et peu dispendieux. »

« L'on s'est imaginé, dit **M.** de Fontenay, dans son *Manuel des Constructions Rustiques*, que le séjour d'un bouc bien puant, dans une écurie, est un moyen d'entretenir la pureté de l'air et la santé des bestiaux ; cette erreur vient de l'idée fausse que l'ignorance se forme de l'odeur des boucs, qu'elle attribue à la prétendue propriété de cet animal ; d'attirer tout ce que l'air a d'impur et de vicié, comme si l'odeur d'un bouc n'était pas inhérente à sa nature, et indépendante du plus ou moins de pureté de l'atmosphère ; il est ridicule de vouloir purifier une enceinte en l'infectant constamment de la puanteur la plus forte et la plus rebutante. » Voilà ce que ce dernier auteur pense de la propriété d'ésinfectante du bouc. Cependant cette propriété est proverbiale, nniverselle : il pourrait très-bien se faire qu'elle eut quelque fondement.

Rangs ou toits à Porcs,

L'opinion dans laquelle on paraît être généralement que les cochons aiment naturellement la malpropreté, pourrait être regardé comme la raison qui leur fait donner des cloaques pour logement, si ce pernicieux usage n'étaient général pour tous nos animaux domestiques, mais les cochons comme les autres ont besoin d'un logement sain et aéré, et toutes les fois qu'ils le peuvent ils vont se vider hors de leur logement, il est d'ailleurs hors de doute que les ordures dans lesquelles on les laisse croupir ne soient une cause première et principale des maladies auxquelles ils sont sujets.

Les propriétaires et les fermiers qui élèvent des cochons devraient avoir des toits à porcs en assez grand nombre pour pouvoir séparer toujours ces animaux suivant leur âge, leur sexe et leur destination ; ainsi on devrait avoir un toit pour les verrats, un autre pour les truies prêtes à mettre bas, un troisième pour les cochons à sevrer ; enfin un quatrième pour ceux qu'on veut engraisser. Le logement d'une truie qui vient de mettre bas demande à être plus chaud et plus clos que celui des cochons à engrais ; mais tous doivent avoir de deux à trois mètres de hauteur et être suffisamment aérés par des fenêtres faciles à fermer pendant l'hiver, et par des trous dans leurs portes pour la salubrité de l'air intérieur.

La loge d'un cochon à l'engrais doit avoir au moins deux mètres de longueur sur un mètre de largeur; celle d'une truie pleine un peu plus; celle des cochonnets doit être proportionnée à leur nombre. En général, il ne faut pas trop économiser sur les dimensions de ces logements; il serait même très-bon de les faire communiquer avec une petite cour où ils iraient se décharger et prendre l'air.

On se rappellera que les cochons à l'engrais n'engraissent pas si on les renferme sous un toit trop resserré et malpropre.

Il faut les placer dans un lieu sec et commode, leur faire de la litière, la rafraîchir et la nettoyer fréquemment, alors ils engraissent facilement et rapidement.

Les auges des toits à porcs doivent être placées d'une part de manière que l'on puisse y verser le manger du dehors et de l'autre que les cochons n'y trouvent place que pour leur tête. Sans cette précaution on se salit et les cochons gâtent leur nourriture en mettant les pieds dans leurs auges.

Pour que les toits à porcs soient bien conditionnés, il faut qu'ils soient pavés solidement et que ce pavé soit en pente pour que les eaux puissent facilement couler dans la fosse à fumier par le moyen des rigoles pratiquées au-devant de leurs loges.

Dans les endroits où le bois n'est pas trop

cher, il serait bien de placer au-dessus du pavé un plancher percé de trous pour faciliter l'écoulement des urines : les porcs ainsi placés reposeraient mieux, il serait aussi plus facile de les tenir proprement et ce qui n'est pas moins essentiel de les préserver de l'humidité. Enfin, il faut revêtir ces toits, dans tout leur pourtour, de planches, ou du moins y mettre une bonne pièce de bois ronde pour servir aux cochons de frottoir afin qu'ils ne s'écorchent pas contre les murs en s'y frottant.

Poulaillers.

C'est dans les poulaillers que les poules se retirent pendant la nuit, et où elles pondent et couvent leurs œufs ; ce lieu doit être plancheié car le sol de la terre est malsain pour les poules ; les murailles doivent en être crépies ; la meilleure exposition des poulaillers est celle du levant près d'un four ou d'une cuisine, parce que la fumé est très-favorable à la volaille.

Un poulailler doit renfermer une ou plusieurs loges basses pour les oies et les canards ; une chambre à mue, une chambre à épinette et le poulailler proprement dit.

Dans le poulailler proprement dit, on doit

observer de placer les juchoirs en avant des murs, afin de pouvoir circuler derrière et que les poules puissent être dans leurs nids, sans être effarouchées par le vol de celles qui s'élancent sur ces juchoirs. Ces nids seront en osier, semblables à ceux des pigeonniers, et on les nettoiera souvent.

Les juchoirs sont faits des chevrons ronds par dessus; ils sont élevés sur des chevalets à la fois isolés et mobiles, afin que l'on puisse les porter dehors pour les nettoyer.

On les place à 66 centimètres des nids, les autres rangs, on les place à 33 cent. les uns des autres.

Des soins de propreté dans les écuries, les étables, les bergeries, etc.

« De tous les animaux domestiques, le cheval est celui qui exige le plus de propreté et auquel les mauvaises odeurs répugnent d'avantage.

Des personnes qui veulent faire beaucoup de fumier mettent une grande quantité de paille sous leurs chevaux, qu'ils laissent quelquefois là des semaines entières. Le crotin, l'urine et la chaleur de l'écurie réduisent bientôt cette paille en pourriture, de laquelle s'élèvent continuellement des vapeurs très-nuisibles aux chevaux qui les respirent. En outre cette chaleur humide et putride leur occasionne des maux de jambes et de pieds; l'abord du sang vers ces parties; sa stagnation dans les jambes, l'enflure, la raideur, l'engourdissement de ces membres, etc.

Quand le cheval veut se coucher pour dormir, la chaleur le force bientôt à se relever, il s'habitue à rester debout, ce qui augmente l'enflure des jambes: la même action de la litière rend les sabots gros; autre effet sujet à de grands inconvénients.

« Mais la pureté de l'air, au contraire, contribue à entretenir la santé et la vie des animaux, autant que la bonté des fourrages. Tout animal bien nourri, bien soigné et qui respire un air pur, est rarement malade; c'est à l'impureté de l'air qu'il faut attribuer la plupart des maladies auxquelles les bestiaux sont sujets, et ce qu'il y a de plus malheureux c'est que le caractère des maladies qui résultent de l'impureté de l'air, est d'être contagieux, L'expérience prouve que' c'est souvent du sein d'une seule étable que sont sorties des maladies qui ont ravagé tout un canton, ses alentours et souvent des provinces entières.

« La transpiration si abondante des animaux, l'air brûlant qui sort de leur bouche et de leurs naseaux, les excréments et jusqu'aux herbes dont on les nourrit, corrompent l'atmosphère des lieux où ils sont réunis. L'odeur du foin, du regain et de la paille, la poussière qui en sort, lorsqu'on les secoue contribuent encore à remplir les écuries, les étables et les bergeries d'un air fort épais il faudrait donc secouer ces fourrages dehors ou du moins à la grange avant de les donner aux bêtes.

« C'est ce qui n'a pas toujours lieu lorsqu'on ne fait pas de la battue : cette négligence devient souvent la cause de grandes incommodités et de grandes pertes. C'est ici que l'œil du maître est nécessaire, et qu'on a besoin de domestiques intelligents et probes ; on distingue facilement les animaux dont on tient les écuries propres et qu'on nourrit avec des fourrages sains et bien préparés d'avec ceux qu'on néglige.

Il serait utile de laver souvent les étables et les écuries, d'en blanchir les murs avec du lait de chaux, de nettoyer les différents ustensiles avec de l'eau vinaigrée, d'enlever la poussière et les toiles d'araignée ; de faire périr par des lotions les œufs des insectes, d'étriller souvent non-seulement les chevaux, mais les

bœufs et les vaches, de tenir nets les crèches
et les râteliers; d'enlever surtout les excréments et construire des rigoles pour l'écoulement
des urines, de manière que les animaux soient
toujours secs et dans un état de parfaite propreté; il est surtout très-nécessaire de les nettoyer souvent et de changer leur litière; car
il vaut mieux les laisser coucher sur un sol sec
que dans une litière pourrie et infecte.

« Si on a une fontaine près des écuries et
que l'on puisse facilement y diriger l'eau il
faut la faire courir de temps en temps dans la
rigole qui se trouve derrière les vaches c'est un
excellent moyen de rafraîchir et de purifier
l'air.

« Enfin, la propreté est un article si essentiel
sur lequel on ne saurait trop insister, puisque
la santé de l'homme et celle des animaux en
dépendent. Je le répète donc; une subsistance
saine et abondante ne suffit pas; la propreté
d'un animal est la moitié de sa nourriture. L'air
vicié n'est plus propre à la respiration; si l'air
du dehors ne vient pas le renouveler, les animaux ne respirent plus que difficilement.

« La paresse et la propreté n'habitent point
ensemble, celle-ci dépendant de mille petits
soins dont l'omission se fait sentir dans beaucoup de détails.

« Il est rare que le cultivateur qui vit dans la crasse et dans la fange ne laisse pas ses bestiaux dans l'humidité et les ordures ; ses bestiaux sont sales et dégoûtants, ses instruments aratoires en mauvais état, il cultive mal, ses greniers sont remplis d'ordures et sa famille est dans la misère. Toutes les fois qu'on voit des champs bien cultivés, un jardin bien entretenu, on est sûr de trouver l'habitation du maître et le logement de ses bestiaux propres et salubres. Tout s'enchaîne dans les travaux champêtres, et lorsqu'on néglige les petits détails, on aura bientôt des motifs de négliger des soins plus importants. (M. de Fontenay, des constructions rustiques).

Des fosses à Fumier

Les fosses ou trous à fumier sont des emplacements creusés en terre et destinés à recevoir les fumiers des étables et les matières propres à faire des engrais.

Les fosses à fumier doivent être près des étables et des écuries afin de perdre le moins de temps et de matière possible dans le curage de ses dernières, et doivent être éloignées de la vue et de l'habitation du propriétaire ou du fermier.

Les fosses à fumier doivent avoir de 50 cent. à un mètre de profondeur. Quand on les creuse dans un terrain sablonneux, il faut les corroyer, c'est-à-dire y mettre un massif de terre glaise bien battue afin d'éviter les infiltrations des urines et de la courte graisse.

On ne doit rien négliger pour conduire les égoûts des étables, des écuries et des rangs à porcs dans la fosse à fumier.

Comme la dessication et l'excès d'humidité sont également à craindre pour les fumiers, on aura soin de ne pas laisser les eaux des toits s'écouler dans la fosse; celle-ci peut et doit absorber celles qui tombent perpendiculairement du ciel, et dans les chaleurs on recouvrira le fumier, chaque fois qu'on le transporte, d'une couche de terre végétale d'un centimètre.

Dans les sécheresses, il est à propos d'arroser le dessus des fumiers pour qu'ils ne moisissent pas, car alors ils n'auraient plus d'effet. On peut se servir, pour cet usage, de l'eau du puisard.

Comme il s'échappe des fosses à fumier des miasmes et des gaz méphytiques très-dangereux, on les placera du côté du nord et non sous les fenêtres de l'habitation, comme cela ne se pratique que trop dans quelques fermes, au grand détriment de la santé des habitants.

Les fosses à fumiers peuvent être pavées et disposées en pente douce depuis l'entrée des voitures en descendant jusqu'au fond.

Des Puisards

Les puisards sont des fosses destinées pour recevoir les égoûts des cours, des écuries, des étables et des rangs à porcs. Les matières contenues dans un puisard sont presque toujours de nature à pouvoir servir d'engrais ; il est bon d'avoir alors une pompe pour en élever les eaux et les employer selon les besoins. Les matières solides sont retirées dans le même but avec des seaux.

La construction des puisards coûte peu : si le fond et les alentours sont graveleux, il n'est pas trop nécessaire de les corroyer ; l'imbibition n'aura guère lieu que pendant les premiers temps ; bientôt la vase que déposent les eaux toujours salées et impures des écuries et des cours glaiseront en peu de temps le fond et les côtés du puisard, et les rendront imperméables.

On évitera, ainsi que pour les fosses à fumier, de creuser les puisards sous les fenêtres de l'habitation, car les émanations qui s'en dégagent sont très-nuisibles à la santé.

Fosses d'aisances

« Les fosses d'aisances ou latrines se trouvent rarement chez le simple habitant des campagnes, elles y sont cependant indispensables pour la propreté et la santé des habitants et pour l'excellence des engrais qu'on en peut retirer.

« On devrait toujours les placer, autant que possible, dans quelque coin reculé vers le nord, pour ne pas donner d'odeur dans l'habitation; il faut aussi les éloigner des caves, des laiteries, des puits et de tout autres souterrains; afin de se garantir des détestables effets de l'infiltration. (De Fontenay, Manuel pratique des constructions rustiques).

Citernes

Les citernes sont des lieux souterrains et voûtés, construits dans le but de servir de réservoir aux eaux pluviales.

« Plusieurs pays ne sont habitables que par le secours des citernes, sans lesquelles on manquerait de l'eau nécessaire à l'existence de l'homme et des bestiaux : tels sont plusieurs parties de la Hollande, de la Syrie, de la Perse, etc.

Les citernes sont utiles pour conserver l'eau destinée non-seulement à la boisson, aux bains et autres usages domestiques, mais encore aux teintures, blanchîments, etc. L'eau tombée de l'atmosphère, est plus pure que celle des sources ou des rivières chargée ordinairement de sels et d'autres substances. Il est vrai que l'eau se corrompt quelquefois dans les citernes, par suite d'une longue stagnation, de privations d'air et d'autres causes; mais lorsque les citernes sont construites d'après de bons procédés, on n'a pas trop à craindre ce défaut, et l'eau des citernes est alors une des plus salutaires qu'on puisse boire.

On varie beaucoup la construction des citernes; nous donnerons ici les bases principales qui doivent diriger dans leur établissement. Il importe d'abord qu'elles soient à l'abri de la gelée et des chaleurs de l'été pour éviter que la variation de la température ne cause la corruption de l'eau.

Le sol doit être d'abord creusé, puis affermi, battu, sablé et glaisé; on pave ou on dalle ce fond à moitié de chaux et ciment pour s'opposer à toute infiltration d'eau. Les murs d'enceinte sont ensuite élevés et voûtés, en calculant d'avance l'étendue et la capacité qu'aura la citerne.

La pierre de taille jointe à chaux et ciment
est d'un très-bon usage pour ces sortes de constructions ; on peut aussi employer très-utilement
les enduits de chaux hydraulique, des mastics de
fontainier et ceux de bitumes. Lorsqu'on a rendu la citerne imperméable à l'intérieur on la
corroie par dehors, puis on bat la terre qui recouvre le tout. Il faut toujours avoir soin de
ménager, dans une citerne, une descente facile
pour l'inspecter, et la faire précéder d'un citerneau ou petite citerne dont le fond est sablé
et battu, où les eaux arrivent, s'épurent et se
filtrent avant d'entrer dans la citerne. Les matières végétales et animales entraînées par la
pluie se déposent dans le citerneau ; alors l'eau
de la citerne est plus pure, plus propre et moins
sujette à se corrompre.

On se procure l'eau des citernes de quatre
manières : la première en puisant à sa surface
comme dans les fontaines ordinaires ; la seconde
en la tirant avec une corde à la manière de
celle qu'on tire des puits ; la troisième en l'é-
levant par le moyen d'une pompe ; la quatrième
en adoptant un robinet à un tuyau lorsque la
citerne est construite sur la pente d'une montagne.

Voici le moyen de calculer approximativement
la quantité d'eau atmosphérique qu'une citerne

peut recevoir des toits sous lesquels elle est construite.

Dans nos climats, il tombe annuellement de 40 à 60 centimètres d'eau de pluie, ou en d'autres termes, sur un terrain horizontal d'une étendue quelconque, ne laisant pas écouler, filtrer ou évaporer les eaux pluviales, la réunion de toutes celles d'une année entière s'élèverait de 40 à 60 centimètres de hauteur.

Nous prendrons ici le terme moyen de 50 centimètres ou 18 pouces : d'après cette donnée il est facile de calculer quel sera le volume d'eau qu'on pourra recueillir sur une toiture d'une étendue mesurée, on prendra la moitié de la surface horizontale, qui couvre ce toit, exprimée en mètres carrés, et l'on aura le nombre de mètres cubes d'eaux pluviales sur lesquels on peut compter chaque année. Comme le mètre cube contient mille litres, on en conclura la quantité de litres d'eau disponible.

Comme les toits sont souvent recouverts de tuiles qui absorbent en partie l'eau qu'elles reçoivent, pour la rendre peu après à l'évaporation, il faut alors diminuer un peu le résultat du calcul précédent ; les toitures couvertes en zing et en ardoise n'ont pas cet inconvénient à un aussi haut degré ; au reste il suffit dans le calcul d'une approximation, puisque la quantité annuelle d'eau pluviale n'est constante qu'en prenant la moyenne d'une suite d'années, et que, pour chaque an, on trouve des différences, tantôt en plus, tantôt en moins.

On reçoit les eaux tombées sur la toiture dans des gouttières qui règnent tout alentour et les conduisent dans la citerne. Il est peu de maisons qui ne retirent une grande utilité de ce genre de construction. Il ne faut au plus que 8 à 10 litres d'eau par jour pour les besoins d'un homme, et il est aisé d'en conclure combien de personnes pourront être alimentées par cette source aérienne. Si le toit couvre 100 m. carrés de surface horizontale, on pourra y recueillir 50 mètres cubes ou 50 mille litres d'eau pluviale; ce qui produit 137 litres par jour et suffit à la consommation de 17 personnes au moins.

Puits

Les puits sont des excavations en terre, ordinairement circulaires, et revêtus de maçonnerie (à moins qu'ils ne soient taillés dans le roc), que l'on creuse jusqu'au dessous du point où les eaux des sources et des nappes d'eau souterraines affluent.

On met ainsi ces eaux à découvert pour en

former des réservoirs, dans lesquels on puise au moyen soit d'un sceau, maneuvré à l'aide d'une corde, soit d'un corps de pompe ou de toute autre machine.

La considération préliminaire à la construction d'un puits, c'est d'avoir de l'eau.

On ne peut préjuger d'en trouver que par des probabilités tirées de la nature du sol, et des considérations suggérées par l'expérience et l'observation. Il en résulte :

Que dans un vallon, en un lieu dominé par des hauteurs très-voisines, on est à peu près sûr de trouver de l'eau, qu'on en doit aussi trouver sur le penchant d'un côteau, au fond duquel il y a des sources visibles ; que l'on en trouvera fort diffficilement si l'on creuse dans une plaine très-éloignée des côteaux, et sur le penchant d'un côteau opposé à celui où se trouvent des sources visibles, ou qui n'en offre d'aucun côté.

Ces observations sont généralement justes ; cependant il est des circonstances locales qui peuvent les modifier.

Avant de creuser un puits, pour ne pas hasarder une dépense inutile, il faudrait s'assurer s'il était possible, de la profondeur à laquelle on peut espérer de trouver de l'eau ; on se sert pour cela de la sonde des mineurs, qui consiste

en une tarière de plusieurs pièces, avec laquelle
on peut percer les terres et les rochers à de grandes profondeurs, et ramener à la surface des
échantillons de leurs diverses natures. On fait
même des puits presque uniquement avec cette
tarière, qu'on nomme puits artésien de l'Artois,
où l'on croit que les premiers ont été forés.
Mais pour construire de semblables puits il faut
que les réservoirs de l'eau se trouvent sur un
terrain plus élevé que le fond même du puits
sans cela l'eau ne pourrait arriver à la surface
du sol.

La partie mécanique de la construction des
puits ordinaires est extrêmement simple : On
les creuse de forme circulaire ou ovale. Si dans
la construction, on trouve du roc ou du tuf
très-solide, et qu'on présume que ce fond puissse
supporter le fond de la maçonnerie, on laisse
un relais sur lequel on établit le relèvement en
le garnissant extérieurement de terre glaise,
afin d'éviter les infiltrations ; sinon on creuse entièrement le puits, et on place au font un rouet
ou cercle en bois sur lequel on assied la maçonnerie.

On élève la maçonnnrie au-dessus du sol
de 80 centimètres à un mètre. Cet exhaussement appelé margelle, se termine par une assise de pierres de tailles ou de briques.

Il faut établir les puits et les citernes loin des fosses d'aisances, afin d'éviter les infiltrations infectes qui se manifesteraient certainement; enfin, il faut aussi, autant que possible, tenir les puits découverts, parce que l'air en circulant librement, purifie l'eau et la rend meilleure.

Bassins.

Les basssins qui décorent nos jardins et servent aux arrosements, sont ovales, octogones, carrés ou circulaires. Leur étendue dépend de celle du terrain dont ou peut disposer, et de l'abondance des eaux qui doivent les alimenter ; car il importe, pour l'agrément et la solidité, que la capacité soit toujours à peu près remplie jusqu'au bord. Le fond et les parois se font quelquefois en terre glaise, en terre franche ou en plomb ; mais les bassins en ciment sont préférés.

Nous ne dirons rien sur la manière de construire les bassins : elle est connue de tous les ouvriers maçons et terrassiers. Nous terminerons seulement ce chapitre par deux mots d'explication sur les jets d'eau.

Pourquoi l'eau jaillit-elle par l'orifice des puits

artésiens et des jets d'eau, se demandent quelquefois certaines personnes sans pouvoir résoudre cette question. Parce que l'eau, obéissant à la loi de l'équilibre, s'élance à une hauteur à peu près égale à celle qu'occupe le réservoir qui alimente le puits artésien ou le jet. Je dis à peu près égale, car les frottements que l'eau subit dans les parois des conduits affaiblissent son mouvement ascentionnel dans une proportion d'autant plus grande que le point de départ est plus élevé. Ainsi un réservoir de 4 mètres ne donne guère qu'un jet de 3 mètres et demi dans les conditions les plus favorables. Pour obtenir une colonne d'eau jaillissante à 20 mètres de haut, il faudrait entrenir le réservoir à une hauteur de 20 mètres 1/2. Ainsi les puits artésiens et les jets d'eau des bassins sont alimentés par des réservoirs plus élevés qu'eux-mêmes et dont les eaux leur arrivent par des conduits souterrains.

CHAPITRE SIXIÈME

Des Maisons d'habitation de Ville.

—

Pour les maisons d'habitation de ville, on doit distinguer les palais où résident les princes et les grands, et les hôtels destinés au logement des familles opulentes. On prodigue dans leur construction tout le luxe des arts et de la décoration. Mais il n'entre pas dans notre plan de parler de ces deux genres d'habitations, qui, par leur étendue, leur richesse, leur destination et leur importance exigent une connaissance approfondie de l'architecture, et qui sont par conséquent l'apanage exclusif des architectes, qu'il est indispensable d'appeler pour en diriger l'exécution.

Mais nous ne nous occuperons dans ce chapitre, comme dans le précédent que, des maisons qui servent à loger de simples particuliers.

Une maison bourgeoise, selon les convenan-
ces et la disposition du terrain, peut être placée
immédiatement sur la rue, ou entre cour et jardin. Les premières qui sont généralement des
maisons de locations, sont distribuées en appartements séparés; le rez-de-chaussée est ordinairement composé de boutiques, d'arrière-bouti-
ques, de la cuisine, de la salle à manger, et quelquefois d'une cour, d'une remise et d'une écurie.

Les secondes ne sont guère occupées que par
des familles aisées qui veulent vivre tranquilles
loin du bruit inséparable du voisinage des rues,
surtout dans les villes populeuses. A Londres,
on évite cet inconvénient par une disposition
assez sage dont voici un aperçu:

Les maisons élevées sur les rues principales
du quartier St-James, et toutes celles habitées
par les grands seigneurs, n'ont point de portes
cochères. Ce sont de petites portes d'environ un
mètre 50 centimètres de largeur, uniformément
décorées de deux ou quatre colonnes doriques,
couronnées d'un fronton. De petites rues détou-
nées servent, comme un quartier particulier pour
les écuries et remises. Toutes les maisons sont
généralement en briques; les appartements sont
lambrissés à hauteur d'appui; les dormants des
croisées renferment dans leur intérieur un con-

trevent au moyen duquel la moitié de la croisée, qui est à recouvrement se lève et se baisse à volonté et verticalement, sur l'autre partie par la plus légère impulsion. Les maisons n'ont que deux ou trois étages, non compris les rez-de-chaussées qui renferment les cuisines, les offices et qui prennent leur jour sur un fossé ou petite cour large d'un ou deux mètres, qui règne sur toute la face de la maison. Le trottoir, qui borde les rues, porte sur des voûtes au milieu desquelles est pratiquée une petite ouverture, fermée par une porte en fer et servant à introduire le charbon de terre, dans la charbonnière.

Le trottoir est séparé de la maison par une grille en fer, armée de deux supports aux deux côtés de la porte d'entrée; à ces supports sont suspendus les réverbères à gaz hydrogène carbonné.

Les aqueducs, pour l'écoulement des eaux de la ville sont construits en briques et au milieu de la rue; de chaque côté sont divers tuyaux qui fournissent l'eau dans chaque maison, au moyen d'un petit tuyau au bout duquel est adapté un robinet que l'on ouvre et ferme à volonté.

Aucune gouttière n'est apparente et n'a son

jet dans la rue ; l'eau des toits est conduite dans l'égoût par un tuyau particulier.

Il y a à peine une soixantaine d'années que les étrangers qui visitaient la capitale remarquaient que, de tous les habitants des grandes villes, ceux de Paris étaient les plus mal et les plus étroitement logés. En effet, à cette époque, le logement d'un borgeois aisé ou d'un honnête homme rentier, ne se composait guère que d'une antichambre servant de salle à manger, d'une seule chambre à coucher pour lui et sa femme, d'une autre pièce pour ses enfants, quelque nombreux qu'ils fussent, et d'une cuisine.

Ce local déjà très-resserré était encore diminué par les chisons, séparations et soupentes qu'on établissait en tous sens. Depuis les choses ont bien changé.

Avec le goût du luxe qui s'est répandu dans toutes les classes, est venu naturellement celui d'être logé d'une manière commode et agréable.

Insensiblement ce goût qui ne connaît plus de bornes a entraîné à de nouveaux agrandissements, et, d'extension en extension, on est venu aujourd'hui au point que l'appartement d'un mince particulier se compose d'une antichambre, d'une salle à manger, d'un salon, d'une chambre à coucher pour Madame, d'une autre pour Monsieur, d'un cabinet de travail pour Madame, d'un cabinet de travail pour Monsieur. d'une salle de bains et de quelques autres accessoires.

Mais, par une contradiction singulière, depuis que le goût des grands et beaux appartements s'est emparé des personnes à qui leur état et leur fortune semblaient devoir en interdire la puissance, celles pour qui il sont vraiment faits, les abandonnent à l'exemple des milords anglais. Ennuyés de ses chambres hautes de 5 à 7 mètres, dans lesquelles ni les chaleurs de la canicule, ni un feu perpétuel n'ont jamais pu rendre l'air tempéré ; de ces salons où il faut toujours de 50 à 60 personnes, si l'on ne veut pas se croire dans un désert, elles quittent leurs vastes hôtels pour s'établir dans de petites maisons qu'elles occupent seules avec leur famille. Ce goût pour les petites maisons est devenu si général, que la plupart des habitations que l'on a bâties depuis plusieurs années, l'ont été de manière à ne contenir qu'un ou deux ménages.

Dans la distribution d'un appartement, il ne faut pas perdre de vue que le levant est la meilleure exposition pour les pièces constamment habitées et que le nord est la plus mauvaise.

Dans les maisons entre cour et jardin, il faut

autant que possible élever le sol du rez-
de-chaussée au-dessus de celui du dehors. Cet
exhaussement tout en éloignant l'humidité
donne de l'élégance et de la noblesse à la
façade et permet d'y établir un perron.

Vestibule

Le vestibule est une pièce commune à tout
l'appartement, et d'où l'on communique à toutes
les autres pièces ; il ne doit être orné ni de meubles, ni de glaces. On peut cependant l'orner de
tableaux et de cartes géographiques.

Escalier

A la suite du vestibule on place l'escalier,
dont le but est de faire communiquer les divers
étages d'un bâtiment. Il importe que sa situation et sa forme soient en harmonie avec les
localités et les besoins du service. De là la nécessité de le rendre de facile accès, de l'éclairer d'un beau jour, et de proportionner la hauteur des marches et la largeur des girons à la
mesure du pas.

Les escaliers des maisons bourgeoises sont

ordinairement très-bien tenus. Celui qui conduit à l'appartement de la maîtresse du logis est pour l'ordinaire converti, pendant l'hiver en une espèce de serre. Des deux côtés de la rampe, sont pratiqués dans le mur des niches occupées par des caisses et des pots élégants contenant des fleurs et des arbustes de toutes les saisons.

Antichambre

L'Antichambre est la pièce qui précède l'appartement ; c'est la salle des domestiques et des personnes qui ont affaire avec le maître de la maison et qui attendent qu'il soit libre.

L'antichambre ne doit pas recevoir d'ornements. Une table de noyer et quelques chaises, composent ordinairement tout son ameublement.

Cependant quelques tableaux historiques ou autres ne les déparent pas.

Salle à manger

La salle à manger qui suit immédiatement l'antichambre, et qui quelquefois la remplace, doit être carrelée et non parquetée, afin qu'on puisse la laver pour enlever les corps gras qu'on peut y laisser tomber pendant le repas.

L'antichambre et la salle à manger sont souvent chauffées par un poêle commun aux deux pièces; ces poêles peuvent être revêtus en marbre, mais ordinairement ils sont en terre cuite et peints en bronze; aujourd'hui, on détrempe ces couleurs avec de la bière, parce que ce genre de peinture résiste très-bien à l'action du feu.

Les plus riches et les plus belles salles à manger sont celles dont les murs sont revêtus de marbres, stucs ou de peintures, et décorées de colonnes et d'autres ornements d'architecture. Il est d'usage que les peintures des salles à manger représentent des sujets analogues à leur destination et c'est presque toujours dans l'histoire ou dans la mythologie que nos artistes puisent leurs compositions.

Les ameublement qui composent les salles à manger sont des chaises en étoffe solide, en maroquin par exemple, et de petites tables pour desservir qu'on place dans les angles.

Les rideaux des croisées sont toujours blancs, garnis d'un éffilé de même couleur, ou d'une frange de laine rouge: ils doivent tomber de chaque côté de la croisée, et sans aucune draperie.

Salon

Le salon est la pièce d'apparat où l'on reçoit les étrangers, et c'est celle où l'on déploie le plus de luxe et de richesses.

Autrefois, lorsque les mœurs étaient plus simples, le salon n'existait que dans les palais et hôtels ; dans la demeure modeste des particuliers, on disait : salle de compagnie ; aujourd'hui, le plus petit bourgeois possède ce qu'il appelle pompeusement son salon.

La mode, jalouse d'exercer continuellement sur tous les objets son empire inconstant et léger, n'a point déterminé en France, comme dans certains pays, la décoration exclusive des salons. Aussi sont-ils dorés, peints, lambrissés, revêtus de marbres ou tendus en tapisseries des Gobelins ou d'Aubusson, en velours, en étoffe de soie, brochées ou unies, et enfin en papier peint.

Des glaces en grand nombre sont l'ornement obligé de tous les salons. On les encadre dans des placards à brodures fort larges et unies ou sculptées.

La forme et la disposition des draperies qui bordent les croisées et les glaces, et quelquefois le haut des tentures, varient à l'infini,

6

et dépendent du goût et de l'invention du décorateur.

Dans un salon doré les sièges sont de point et les bois dorés. Ce serait commettre une grande faute contre le bon goût que d'y mettre un meuble d'une autre étoffe et en bois d'acajou.

Dans un salon tendu de tapisserie, les sièges doivent être pareils.

Dans un salon tendu de velours ou de soie, les fauteuils doivent être couverts de même étoffe que la tenture. Enfin dans un salon tendu de papier, les sièges sont ordinairement couverts de soie de la couleur de la bordure. Les papiers sont tous d'une seule couleur. On voit peu de tableaux exposés dans les salons ; ils sont ordinairement réservés pour l'appartement du maître de la maison, quand il n'y en a pas assez pour former une galerie.

Un lustre brillant au plafond, une pendule magnifique sur la cheminée ; des groupes de marbre, de bronze ou dorés, plusieurs paires de flambeaux richement ciselés, placés sur la cheminée et sur des consoles, sont les ornements ordinaires des salons.

Chambre à coucher, en général

« La chambre à coucher est l'asile du sommeil ; il faut donc l'établir loin du bruit et de tout ce qui peut exciter la dissipation ; en général, on place le lit en face des croisées ; la cheminée doit diviser en deux parties égales le côté de la chambre où elle est placée.

« Cette pièce pourra être tendue en tapisserie ou en papier ; on choisira de préférence la couleur verte pour les tentures. Le vert, par la douceur et l'uniformité de sa nuance, contribue à l'impression tranquille qui convient au repos ; mais c'est de l'ameublement et de la beauté du lit que dépendent en quelque sorte, la richesse et l'élégance d'une chambre à coucher. »

(Vitry).

Chambre à coucher de Madame

« La chambre à coucher d'une dame est une espèce de salon où elle reçoit habituellement et indistinctement, les hommes et les femmes qui se présentent chez elle. Aussi n'est-ce pas la pièce la moins soignée de la maison. Tout s'y exécute et dans les décorations et l'ameublement d'après des dessins auxquels l'approbation de Madame est indispensable.

Le lit et les draperies sont pour l'ordinaire les deux objets importants d'une chambre à coucher. C'est là qu'un tapissier doit se signaler et déployer son génie.

L'accord entre les tentures et les sièges, soit pour les étoffes, soit pour les couleurs, doit être le même que celui établi pour les salons.

Une commode, un secrétaire, un écran, un piano et une glace sont les premiers meubles d'une chambre à coucher d'une dame.

Chambre à coucher de Monsieur

La chambre à coucher d'un homme doit se distinguer de celle d'une femme par une grande simplicité dans le décor et dans l'ameublement ; des draperies aux croisées, mais simples, des meubles de forme unie, mais remarquables par la beauté des bois, voilà le seul luxe auquel le bon goût lui permet de prétendre. Il doit laisser aux petits maîtres cette recherche, ces demi jours et cette molesse qu'on remarque dans l'appartement de quelques-uns d'entre eux.

Des fauteuils, une commode, un secrétaire, un lit de bois d'acajou et quelques tables composent l'ameublement d'une chambre à coucher d'un homme: quelques tableaux ou de bonnes gravures en décorent les murs. Les rideaux sont de soie ou de percale.

Cabinet

« Le cabinet est consacré à la tranquilité et au travail ; on le décore ordinairement, d'un lambris à hauteur d'appui, le reste est recouvert d'une tenture d'une seule couleur, ornée de quelques tableaux, point de dorure ni de sculpture, mais seulement un serre-papiers, quelques chaises et deux fauteuils doivent former tout l'ameublement. »   (*Vitry.*)

Bibliothèque

« La bibliothèque est une pièce destinée à recevoir des livres rangés en ordre sur des tablettes ; il faut avoir soin de l'éclairer seulement d'un seul côté afin que les yeux ne soient point fatigués, ou, mieux encore de tirer le jour d'en haut lorsque les localités le permettent.

« Il est peut-être plus convenable de carreler ces pièces que de les planchéier, car le carreau a le double avantage d'amasser moins de poussière et ne sert pas de refuge aux rats. En cas de froid, on peut placer des tapis sous les tables; mais il ne faut ni poêle, ni cheminée de peur d'incendie. »　　　　(*Vitry*).

On place au milieu des bibliothèques, des tables couvertes de tapis pour faire la lecture et dans les angles et trumeaux les bustes en marbre ou en plâtre des auteurs célèbres.

Salle de bains.

Il est unanimement reconnu que les bains ont l'influence la plus salutaire sur la vie et la santé des hommes. L'exemple des Grecs, des Perses, des Romains et celui des sauvages, nous apprend que l'usage des bains est d'un très-grand avantage.

Aussi, il n'est pas aujourd'hui de famille aisée qui ne possède sa chambre de bains. Ces salles doivent être dallées ou carrelées.

La pierre, le marbre, le zinc, l'étain, le bois, le cuivre, la tôle, le fer-blanc et le cuir vernis sont ordinairement les matières employées à la confection des baignoires. On a inventé plusieurs moyens d'échauffer l'eau des baignoires, mais presque toutes ont été abandonnées, par suite des inconvénients qu'elles offraient, pour revenir à l'ancienne méthode de chauffer l'eau dans une chaudière séparée, et de la transporter dans la baignoire, soit par des tuyaux, soit par tout autre moyen. Il n'est pas nécessaire de faire remarquer que nous ne parlons ici que des bains particuliers.

Billards

On n'en rencontrait autrefois que dans les maisons opulentes, mais aujourd'hui ils sont un meuble obligé de presque toutes les maisons aisées de la capitale et de la province.

A l'exception de quelques billards en bois de chêne, tous sont en bois d'acajou; les uns sont très-simples, les autres très-chargés d'ornements de bronze, de cuivre, de dorure et de sculpture. Les queues de râteliers et la planche servant à marquer sont ordinairement de même bois que les billards. On en fait cependant en bois de fer ou d'ébène inscrutés d'ivoire ou de nacre.

L'usage veut qu'une salle de billard soit entourée de banquettes à dossiers, également en bois d'acajou et garnies pour faire asseoir les spectateurs.

Tout le monde sait que les billes sont en ivoire.

Cuisine

« Plusieurs causes concourent à rendre les cuisines insalubres; on concevra combien il importe de les atténuer, en pensant qu'une cuisinière est condamnée à passer la plus grande partie de sa vie dans cet atelier malsain, où elle reçoit les germes des diverses maladies » qui l'accablent sur ses vieux jours. (*Vitry*)

Il faut autant que possible construire les fourneaux sous le manteau d'une cheminée dont le conduit soit haut et large afin qu'ils tirent bien.

Il faut aussi autant que possible daller les cuisines en conservant des pentes pour l'écoulement des eaux; il serait bien aussi de les voûter lorsque l'emplacement le permet.

Les cuisines ont ordinairement pour dépendances un évier, un garde-manger, un bûcher. etc.

La meilleure exposition pour une cuisine. c'est le nord; le garde-manger et l'office doivent être placés au levant.

Cave

Les caves sont des chambres souterraines, ordinairement voûtées, que l'on pratique entre les murs des fondements d'une maison d'habitation. Une cave voûtée en maçonnerie et creusée en terre à la profondeur de 4 mètres, conserve à peu près la même température en toute saison. On préfère les berceaux en plein cintre à ceux qui sont surbaissés, parce qu'ils ont plus de solidité et coûtent moins à â-tir. »   (*Vitry*).

On doit éviter autant que possible les communications des caves avec l'air extérieur, telles que portes, fenêtres, etc., lorsqu'on veut y conserver une température constante; cependant la trop grande humidité perd les tonneaux et les bouchons, ce qui oblige à s'écarter de cette règle.

CHAPITRE SEPTIÈME

—

Des matériaux qui entrent dans la construction des bâtiments

Les matériaux qui entrent dans la construc-
des bâtiments sont : la pierre, la terre, le sable,
la chaux, le plâtre, la brique et la tuile ; le bois,
le fer, la fonte, le cuivre, l'étain, le plomb, le
zinc et le fer-blanc ; le verre, l'or, l'argent et
les autres couleurs qui entrent dans la peinture
des bâtiments.

De la pierre en général

La pierre est une substance dure qui se forme dans la terre ; on divise la pierre en deux
classes, celle des pierres dures et celle des pier-

res tendres. Les pierres dures sont celles que l'on ne débite qu'à l'aide de la scie sans dents et en faisant usage d'eau et de grès ; et les pierres tendre sont celles que l'on peut débiter à sec et avec la scie à dents.

La pierre dure est sans contredit celle qui résiste le plus à la pression et aux injures du temps : ce n'est pas que l'on n'ait vu des pierres tendres résister plus à la gelée que les pierres dures, mais cela n'est pas ordinaire ; il est toujours bien sûr que les parties qui composent la pierre étant plus condensées et plus serrées que celles de la pierre tendre, résistent le plus au fardeau.

Les qualités que l'on doit rechercher dans la pierre à bâtir, tendre ou dure, sont : un grain homogène ; une contexture compacte, uniforme et dure, une densité égale et qui n'absorbe point l'humidité.

L'effet de la gelée sur les pierres qui absorbent l'humidité est d'en rendre la surface pulvérulente ; quelquefois les parements éclatent et se lèvent en écailles. La propriété qu'ont presque toutes les pierres dures de résister à la gelée, provient sans doute de ce qu'elles ne contiennent presque pas d'humidité à l'intérieur lorsqu'on les tire de la carrière, tandis que les pierres tendres en sont presque toujours pénétrées. Ces parties aqueuses ayant une disposition à occuper un plus grand espace au moment de la congélation, brisent la pierre dans laquelle elles sont contenues. Cet inconvénient se fait sentir surtout lorsque les pierres tendres sont récemment extraites de la carrière, parce que leurs parties intérieures sont encore pénétrées d'humidité.

Dans chaque pays, on peut juger par l'expérience de la qualité de la pierre par la manière dont elle s'est comportée dans les bâtiments construits depuis plusieurs années.

Mais lorsqu'il s'agit de pierres d'une nouvelle carrière, il faut avant d'en faire usage exposer quelques quartiers à la gelée sur une terre humide; si elle résiste dans cette situation, l'on peut être sûr qu'elle est bonne à bâtir.

Il y a de la pierre tendre fort bonne à bâtir lorsqu'elle a été exposée à l'air et au soleil pendant une année ou deux et que l'eau de carrière en a été chassée, alors elle résiste au fardeau et à la gelée.

La pierre poreuse ne gèle pas si ordinairement que la pierre pleine, parce que l'humidité qu'elle peut contenir s'évapore plus aisément par le moyen de la subtilité de l'air et par la force des rayons du soleil qui sèchent cette humidité.

La gelée n'est point la seule cause de l'altération des pierres, il en est qui s'égrènent au soleil ou par l'effet de la chaleur, ce défaut tient à ce que ces pierres contiennent des sels que la chaleur fait sortir de leur intérieur et qui forcent les grains de pierre à tomber, ce fait est positif puisqu'on peut parer à ce défaut en faisant passer de l'eau sur ces pierres et la faisant réduire sur le feu.

Ainsi donc ce n'est point à la lune que certaines pierres doivent leur altération, comme se l'imaginent quelques hommes peu physiciens, mais à l'humidité et aux sels qu'elles contiennent et que la gelée et la chaleur font sortir de leur intérieur.

Voilà comment l'art de bâtir considère et divise les pierres, en pierres dures et en pierres tendres; en pierres gelives et en pierres non gelives, mais la science minéralogique les considère sous un autre rapport et les divise en huit classes principales, savoir; en granit, en calcaire, en grès, en molasse, en lave, en gypse, et en pierre réfactaire.

La plupart des carrières s'exploitent à ciel ouvert; mais il y en a cependant beaucoup qui sont souterraines et qui ne communiquent avec

le jour que par des galeries qui se dirigent selon les dispositions naturelles de la couche. Les
anciennes carrières de Paris, de Lille et de St-
Rémy en France ; de Maestricht en Belgique ;
de Rome, de Naples, de Syracuse, de Catane et
d'Agrigente en Italie et en Sicile, sont de cette
dernière espèce.

Des pierres d'appareils en granit

Le granit est regardé comme la pierre la plus
solide et la plus inaltérable de toutes celles employées dans la construction. Il forme à lui seul
de hautes et vastes montagnes dans les cinq parties du monde. Il a été très-employé par les
anciens Indiens, Syriens, Ethiopiens, Egyptiens,
Grecs et Romains, dans la construction de leurs
temples et de leurs autres monuments publics;
les débris qui nous restent de ces monuments
présentent des blocs de cette pierre d'une beauté
et d'une grandeur merveilleuse.

De nos jours, on emploie aussi le granit dans
la construction des édifices et des monuments
publics ; mais il ne s'élève guère plus de monuments monolithes comme chez les anciens.

Les carrières de granit les plus célèbres en
Europe, tant par la beauté de la texture du grain

que par les énormes blocs qu'on y extrait sont celles de Baveno, en Piémont, sur le lac Majeur. Le granit de ces carrières est rouge.

Le nord de l'Europe est riche en granit: la Norvège, la Suède et la Russie, en exportent jusqu'en Hollande. Les îles Britanniques en possèdent aussi qui prennent un très-beau poli.

Il en existe également de très-belles exploitations en France dans les Vosges, en Bourbonnais, en Normandie, en Bretagne, en Bourgogne, en Limousin, en Vivarais, etc., etc.

Les villes de Rennes, d'Alençon, de Lorient, de Cherbourg, d'Autun, de Limoges, d'Uussel, de Roanne, de Montbrison, d'Anonay, d'Anduze, et beaucoup d'autres villes de France sont bâties en granit.

Des pierres calcaires.

Les pierres calcaires sont très-répandues dans la nature, elles constituent le sol des plus vastes contrées et la masse entière d'une infinité de montages très-élevées.

Quoique cette espèce de pierre résiste moins bien à l'action destructive de l'air, de la pluie, des gelées et des autres agents destructeurs, que le granit et les laves, elle est cependant regardée comme la pierre de taille par excellence et c'est elle qu'on emploie le plus généralement dans les constructions.

Les différentes espèces de calcaires se rencontrent presque toujours en couches parallèles d'une épaisseur variable. La carrière présente ordinairement plusieurs assises superposées les unes sur les autres et l'on remarque que chaque assise a pour l'ordinaire des caractères, des couleurs ou des contextures différentes.

La dureté des pierres calcaires varie depuis celles qui se laissent couper avec la scie jusqu'à celles qui exigent le secours du sable et de l'eau.

On remarque que dans les mêmes espèces ce sont toujours celles qui ont la couleur la plus foncée qui sont les plus dures. Une pierre qui raisonne sous le choc du marteau est toujours d'un grain homogène, tandis que celles qui renferment des fentes intérieures ne rendent qu'un son sourd; enfin, celles qui absorbent l'eau avec une espèce d'avidité ne doivent point être employées aux travaux extérieurs parce qu'elles s'écaillent à la gelée. On doit les réserver pour les fondations et les murs intérieurs.

Quoique la plupart des pierres calcaires renferment des coquilles fossiles en nature ou simplement leurs empreintes ne laissent pas pour cela de jouir d'une grande cohésion.

Les caractères des pierres calcaires sont de faire effervescence avec les acides, de se laisser rayer avec le fer et de se réduire en chaux par la calcination.

Les pierres calcaires sont généralement très-tendres au moment qu'elles sortent de la carrière.

Ce moindre de dureté tient à l'humidité dont elles sont pénétrées et qu'elles n'abandonnent qu'à la longue. C'est pour cela que les architectes instruits évitent de les employer avant qu'elles aient perdu leur eau de carrière. Sans cette précaution la gelée les ferait éclater.

Les plus belles pierres d'appareil calcaires, employées en France, sont :

1° Celles des environs de Paris.

Presque tous les édifices de Paris sont construits avec de la pierre calcaire qu'on tire des carrières de St-Cloud, de St-Leu, de Meudon, de Maison, de Vaugirard, de Mont-Rouge, de Bagneux, de Châtillon, de la Butte-aux-Cailles, d'Arcueil, de St-Maur, de Passy, d'Yvry, de Charanton, etc., etc.

2° Des environs de Lyon. Les plus belles pierres calcaires d'appareil employées dans les constructions de Lyon viennent de St-Cyr, de St-

Fortunat, de Lucenay, de Pomier, de Couzon, de Turis et du Mont-d'Or, dans le département du Rhône; de Villebois, de Seyssel et de Pont-d'Ain, dans le département de l'Ain; de Tournus, dans le département de Saône-et-Loire; de Trussol, de Cruas, de Thomérac et du Theil, dans le département de l'Ardèche.

La pierre calcaire extraite des carrières les plus rapprochées de Lyon, porte dans le commerce le nom de pierre de choin.

3° Des environs de Bourg-en-Bresse et tout le département de l'Ain, sont très-favorisés sous le rapport des pierres calcaires.

Outre les carrières nommées tout à l'heure, on distingue encore celles de Ramasse, de Graville et de Rosier. C'est en grande partie de ces dernières carrières que les belles pierres dont l'Eglise de Brou est bâtie, ont été tirées.

4° Des environs de Bordeaux. Les pierres qu'on emploie le plus ordinairement à Bordeaux se tirent des bords de la Garonne, en la remontant 8 à 10 lieues. Les calcaires des bords du Lot et de la Dordogne sont d'un gris foncé et se taillent très-bien; aussi y trouve-t-on de grands ateliers de taille qui de là sont emmenés à Bordeaux.

5 Des environs de Mende.

Les carrières de calcaires en exploitation dans

les environs de Mende, jouissent d'une réputation méritée.

6° Des environs du Puy. On exploite dans les environs du Puy quelques carrières de calcaires dont la renommée est grande dans le pays.

7° Des environs de Valence. Les carrières des environs de Valence sont celles de Crussol (canton de St-Péray), de Cruas (canton de Rochemaure), du Theil (canton de Viviers), et celles du Pouzin (canton de Chomérac). Ces carrières jouissent d'une réputation européenne. Elles sont toutes situées sur les bords du Rhône qui favorise extrêmement leur exploitation. Il n'est pas nécessaire de faire remarquer que ces carrières sont les mêmes que celles nommées à la fin du second article.

8° Des environs de Marseille. Marseille est entièrement bâtie de pierres calcaires dont les plus belles se tirent d'Aix, de Cassis, de Callisanne, de St-Leu, d'Arles et de Couronne.

9° Des environs de Nîmes. Les environs de Nîmes sont très-riches en carrières de pierres calcaires d'un blanc grisâtre. Les principales sont celles de Lens, de Beaucaire, de Mus, de Roquemaillères, d'Aigues-Vives et de St-Ambroix.

Les arènes, la maison carrée et les autres antiques monuments de Nîmes, ainsi que le pon du Gard, sont construits en pierres calcaires.

10° Des environs de Montpellier et de Cette. La pierre calcaire des environs de Montpellier est poreuse à cause de la grande quantité de coquilles et d'huîtres qu'elles renferment. Le calcaire de Cette est au contraire très-compacte. Il est d'un gris cendré mêlé du blanc roussâtre.

11° Des environs d'Avignon. Tous les monuments d'Avignon sont en belles pierres calcaires d'un bleu roux et d'un grain excessivement fin, ce qui le rend susceptible de recevoir un très-beau poli.

12° Des environs de Grenoble. On exploite même à l'entrée de Grenoble du côté de Valence de très-belles carrières de calcaires gris. Mais l'on préfère généralement, à Grenoble, le calcaire blanc de Sassenage et de Fontanil et encore mieux le calcaire blond et bleu de Crussol.

13° Des environs de Besançon. Les pierres calcaires que l'on emploie dans les constructions à Besançon sont compactes et susceptibles de recevoir un beau poli. Les carrières de Malpas, d'Oye, de la Cluse et du Sandon sont renommées par les énormes blocs qu'on y exploite.

14° Des environs d'Orléans. Orléans est construite avec un calcaire jaune dont le grain est si fin et si serré qu'il peut recevoir un très-beau poli.

15° Des environs de Caen. Les pierres calcaires que l'on extrait dans les environs de Caen sont coquillères blanches et très-belles surtout celles que l'on extrait au village de Collombette. On en exporte des blocs jusqu'en Angleterre et en Hollande. St-Paul de Londres est bâti en partie avec la pierre de Collombette.

L'on voit par cette simple indication que les principales villes de France sont bâties en pierres calcaires. Les départements du Calvados, du Lot, de la Dordogne, de l'Ardèche, de l'Ain, de la Côte-d'Or, du Doubs, du Gard, des Hautes-Pyrénées, de Seine-et-Oise et de l'Yonne, sont ceux qui offrent les plus belles carrières en pierres calcaires. Parmi lesquelles on remarque surtout celles de Tonnerre, de Seyssel, et de Crussel ou de St-Péray qui produisent ce beau calcaire fin et blanc que l'on voit dans la plupart de nos chefs-d'œuvre de sculpture et d'architecture.

Des pierres d'appareils de Grès

La plupart des grès sont des sables agglutinés par un ciment visible ou par simple cohésion ; ils sont généralement formés des débris de roches antérieures.

Les différentes sortes de grès se distinguent entre elles par la nature de leurs éléments, la manière dont ils sont agglutinés et par les gisements qui sont particuliers à chacune d'elles. Lorsque leurs grains sont gros et arrondis et que leur ciment est apparent les grès prennent le nom de poudingues ; quand ils sont au contraire irréguliers et anguleux, ils reçoivent le nom de brèches.

Les grès blancs ne sont point composés des débris des rochers antérieurs, ils paraissent avoir la même origine que les grands amas de sables fins que l'on voit en Asie, en Afrique et ailleurs.

Les grès blancs, les grès rouges, les grès verts et les grès psamnites, sont ceux qu'on emploie le plus usuellement dans les constructions et les décorations.

Grès blancs

Les grès blancs les plus renommés en France sont ceux de Fontainebleau, de Longjumeau, de Pontoise, de St-Jobin, de Coucy et de Villers-Cotterêts.

Grès rouges

Les grès rouges abondent en Lorraine, dans les Vosges et sur la rive droite du Rhin. Les édifices de Mayence et ceux des villes voisines sont construits avec du grès rouge. Les carrières de Homorartin dans la Meurthe ont fourni la plupart des pierres de taille des églises et des châteaux voisins.

On trouve également des grès rouges dans les départements du Calvados et de la Dordogne.

Grès verts

La carrière de grès vert la plus célèbre en France est celle de Grammont près de Brives, dans le département de la Corrèze.

Grès psamnite

Les carrières de grès psamnite ou grès houiller les plus renommées sont celles de Rive-de-Gier, de St-Chamond, de St-Etienne, de Firminy, de Moulins, de Châtellerault, de Bort, de Brives et de Carcassonne.

Des pierres d'appareil en molasse

Les carrières de molasse, en France, les plus célèbres, sont celles de Beaucaire, de Saint-Jean, de Marvéjol et de Robiac, dans le Gard ; de Saint-Restitut, de Clérieux, de Peyrus, de Chameret et de Châteauneuf-d'Isère, dans la Drôme. La carrière de Saint-Restitut est très-renommée tant par ses immenses galeries que par la beauté de ses blocs blancs : on s'en sert beaucoup en sculpture.

Des pierres d'appareil en lave.

Les carrières de cette espèce de pierre, en France, les plus renommées, sont celles de Volvic et des environs de Clermont, dans le Puy-de-Dôme ; du Puy, dans la Haute-Loire ; de St-Flour, et d'Aurillac dans le Cantal, d'Agde, dans l'Héral, et d'Andernach, dans le duché du Bas-Rhin.

La plupart des villes, bourgs et villages d'Auvergne, du Vélay, du Languedoc, du Vivarais et du duché du Bas-Rhin, sont en pierres volcaniques.

Parmi les laves, deux seulement sont susceptibles de donner à l'art de bâtir des pierres de taille. Ce sont les laves semi-poreuses, non scorifiées et les tufs volcaniques ou pouzzolanes qui ne sont pour l'ordinaire que des sables et des graviés agglutinés par cohésion ou cimentés par une sorte de gluten.

Les pierres volcaniques sont recherchées par leur légèreté pour la confection des voûtes, des entablements et le faîte des églises.

Le basalte, espèce de lave noire et compacte se refuse à la taille à cause de sa trop grande dureté.

On l'emploie très-utilement en moellon, au pavage et à faire des ponceaux.

Des pierres d'appareil en schiste-ardoisier

Les principales carrières de schiste-ardoisier, en France, sont celles d'Angers, de Charleville, de St-Lô, de Cherbourg de Traversac, de Rédon (Ileet-Vilaine), de Blamond (Meurthe) et de Brives (Corèze).

Des pierres d'appareil en tuf.

Le tuf ou travertin est une espèce de calcaire qui doit sa formation aux dépôts de certaines eaux. Les tufs sont généralament poreux, blancs

ou jaunâtres. Ils sont recherchés pour les constructions des clochers à cause de leur légèreté.
On remarque une grande variété parmi les tufs.
Les uns s'émiettent sous les doigts et les débris
ont les empreintes des plantes qu'ils ont enve-
loppées lors de leur formation ; les autres peuvent servir à faire des meules de moulins et reçoivent le poli du marbre ; enfin, il en est qui
forment d'excellentes pierres d'appareil.

Les carrières les plus connues sont celles de
Belley (Ain), de Saint-Marcellin (Isère) ; de Châ-
teauble, de Hortun, de Peyrus, de Seyne et de
St-Jean en Royan (Drôme) ; dé Vichy (Allier),
de Saumur (Maine-et-Loire) ; et de Tivoli, près
de Rome.

Des pierres de gypse ou à plâtre

Cette roche, quoique moins abondante dans
la nature que celles dont nous venons de parler,
forme, cependant, des bancs d'une grande richesse.

Cette pierre n'est pas bonne pour les constructions parce qu'elle se décompose à l'air et
qu'elle s'écrase sous le fardeau quand les murs
ont une certaine hauteur.

Les principales carrières de pierres de gypse

ou à plâtre sont, en France, celles de Montmartre, de Menilmotant et du Mont Valérien, aux environs de Paris; des environs de Strasbourg; d'Allevard, de Vizille et celles près de Grenoble, de Montélimart, d'Aix, de Nîmes, du Puy, de Bordeaux, de Nantua, etc.

Des pierres et briques réfractaires

On nomme ainsi les pierres et les briques qui résistent à un grand coup de feu sans se fondre. Elles sont ordinairement utiles pour la construction des fourneaux dans lesquels on entretient un grand feu. Les terres réfractaires sont encore employées dans les verreries, les manufactures de glaces et dans les fabriques de faïence et de porcelaine.

Les pierres et les terres réfractaires ne sont point aussi communes dans la nature qu'on pourrait le penser, car on est souvent obligé de les faire venir de très-loin pour le service des hauts fourneaux.

Les pierres calcaires gypseuses, volcaniques, schisteuses et granitiques, qui renferment des matières fondantes, sont impropres pour la construction des hauts-fourneaux parce que les unes se réduisent en chaux, en plâtre, en verre, et les autres s'exfolient ou éclatent.

Ce sont donc particulièrement les grès quartzeux, les granits micassés et certains stéatites (marnes qui se dissolvent dans l'eau) qui sont mis en œuvre dans la construction des fourneaux.

Les principales carrières de pierres réfractaires, en France, sont celles d'Allevard (Isère); d'Avranche (Manche); d'Hétange (Moselle); de Châtillon et d'Haurberg (Meurthe); de Lis-St-Georges, de Méabec, de Ciron et de Nuret (Indre), et celles de Saint-Crépin, près de Brantôme, dans la Dordogne.

Le Theil et Salvas, dans l'Ardèche, fournissent une grande quantité de terres et de briques réfractaires.

CHAPITRE HUITIÈME

—

De la connaissance des principaux bois qui entrent dans la construction des bâtiments.

De tous les bois qui entrent dans la construction des bâtiments, il en est qui ne peuvent se conserver à l'air, parce qu'ils se fendent, se déjettent et se tourmentent, soit par les grandes chaleurs de l'été ou les grands froids de l'hiver, ce qui cause quelquefois des interruptions et des dommages dans les ouvrages qui en sont faits ; d'autres qui ne peuvent se conserver dans l'eau ; d'autres enfin qui ne peuvent se trouver exposés, tantôt aux ardeurs du soleil et tantôt à l'humidité ; raison pour laquelle il est absolument nécessaire à un entrepreneur d'en connaître la nature et la qualité, afin de pouvoir faire un bon choix et prévenir par là une infinité

d'inconvénients. Pour parvenir à cette connaissance, il faut examiner la situation des forêts,
et comment les bois y sont venus; si le terrain
est graveleux, sablonneux et pierreux, exposé
aux rayons du soleil. Que les arbres soient éloi-
gnés les uns des autres, et à découvert, les bois
en sont durs, francs, secs, nets et très-bons pour
la charpenterie ; mais les menuisiers, sculpteurs
et autres ne pourront s'en servir à cause de
leur dureté : si, au contraire, le terrain est humide que les arbres soient pressés et couverts, les
bois en seront trop tendres pour la charpenterie, mais, en revanche, seront très-propres pour
la menuiserie et la sculpture ; aussi l'expérience
montre-t-elle que les bois exposés au nord et au
levant sont préférables que ceux exposés au midi
et au couchant à cause des vents humides qui
viennent de ces côtés-là.

Les bois par rapport à leur usage se divisent
en trois genres: 1° en bois durs, comme celui de
chêne, de châteignier, de l'orme, du frêne, du
charme, du hêtre, du noyer, de l'érable, du cor-
nier, etc; 2° en bois tendres, comme celui des
peupliers, du bouleau, du tilleul, du saul, de
l'aune, du mûrier du noisetier, etc. ; 3° en bois
résineux, comme celui du sapin, du pin, du
mélèze, du cèdre, etc. : ce qui en donne au-
delà d'une vingtaine d'espèces principales, of-

frant les uns et les autres, un plus ou moin
grand nombre de variétés ou de sous-espèces.
Le chêne est celui qui en offre le plus : on en
compte pour la France seulement au-delà de 25.
Dont trois ou quatre font la richesse et l'ornement de nos forêts.

La division des bois, en bois durs et en bois
tendres, provient de leur force et de leur densité, de leur porosité, de leur pesanteur, de
leur effet plus ou moins prompt dans le foyer,
et des différents degrés de chaleur qu'ils y produisent.

Les bois les plus fréquemment employés dans
les constructions et dans la confection des meubles sont le chêne, le châteignier, le hêtre, le
noyer, le frêne, le peuplier, le pin, le sapin,
l'aune, le mélèze, etc.

Chêne

Le chêne est, de tous les arbres qui croissent
en Europe, celui qui a le plus de nerf en charpenterie pour supporter les fardeaux et qui dure le plus longtemps ; il se conserve à l'air et
dans l'eau ; ses stries sont fort serrées. Il est
préférable pour la grosse charpente à tous les
autres bois. Il est dur, un peu flexible, difficile

7*

à éclater et convient parfaitement à la construction des vaisseaux. Sa qualité s'améliore si on le laisse sécher trois ou quatre ans après qu'il a été abattu.

Si on devait s'en servir peu de temps après l'avoir coupé, il faudrait le mettre pendant quelque temps dans l'eau pour le dépouiller de sa sève et l'empêcher d'être rongé par les vers. On pourrait aussi pratiquer quelques trous aux deux extrémités à quelques centimètres en deçà du mur afin que l'humidité puisse sortir par là et ne se concentre pas dans la muraille, ce qui ferait pourrir l'extrémité des poutres et exposerait à de grands dangers.

Il n'y a pas de meilleures essences de chêne que celles qui ont crû isolément. Les chênes dans ces positions acquièrent par le grand contact de l'air et des influences atmosphériques, de la dureté et de la force : il s'y trouvent rarement roulés par les coups de vent quoiqu'ils y soient plus exposés qu'ailleurs et ils y résistent beaucoup mieux aux effets des gelées.

Avant de mettre en œuvre le bois de chêne il faudrait avoir bien soin d'en éloigner l'aubier ; sans cette sage précaution, on le verrait en peu de temps attaqué par les vers. On peut cependant procurer à l'aubier une certaine dureté en écorçant le chêne une année ou deux avant de l'abattre. Mais, malgré cela, l'aubier ne vaudra jamais autant que le cœur.

Le dessèchement fait perdre au chêne environ le tiers de son poids, il est alors plus cassant; il vaut mieux l'employer lorsqu'il a perdu seulement le 6e de son poids et qu'il pèse de 30 à 32 kilog. le pied cube.

Châteignier

Le bois de châteignier pour la charpenterie est presque aussi bon que celui de chêne. Autrefois lorsqu'il était plus commun en France qu'aujourd'hui, il était souvent employé dans les constructions : combles, planchers, portes et fenêtres ; il est dans beaucoup de cas préférable au chêne, son tissu est plus serré et quoiqu'il conserve longtemps sa sève, il est moins sujet à se détériorer. Il convient parfaitement pour les ouvrages intérieurs ; mais il est fragile et ne peut servir à des poutres devant supporter de grands fardeaux ou résister à de grands efforts.

Le bois de châteignier pèse environ 23 kilog. par pied cube ; il n'offre, si ce n'est sous le rapport du poids, de différence avec le chêne blanc que par une couleur un peu plus pâle, et des lignes transversales moins marquées : du reste la ressemblance du bois de ces deux arbres est si grande, que lorsqu'ils sont employés concurremment et vieillis ensemble dans une même charpente, on ne peut les distinguer l'un de l'autre.

Pour la durée des boiseries en châteignier comme pour celles en chêne, il faut avoir soin d'en élaguer l'aubier, autrement on les verrait bientôt vermoulues.

En fait de fente pour les échalas et le treillages, le bois de châteignier dure 4 à 5 ans de plus que celui de chêne. Si sous cette forme le chêne dure 12 à 13 ans le châteignier en dure 18 à 20 ans.

Orme

L'orme, recommandé en 1552 par ordonnance de François 1er, afin que tout le royaume, est-il dit, en puisse être suffisamment peuplé, pèse, étant sec, environ 26 kilog. le pied cube; par sa disposition à s'échauffer et à pourrir en terre et dans les scellements de murs, il est peu propre à la charpente et à la menuiserie : ayant les fibres trop liées, et ne vaut rien pour la fente, les échalas et les treillages.

Comme bois à brûler, il est, avec le chêne et

le hêtre, dans la classe des bois de première qualité; seulement, il se consume vite.

Les ébénistes font de très-beaux meubles d'un blanc queue de serin, avec des veines moirées des plus agréables: par rapport à la liaison de ses fibres, il surpasse, en qualité, le frêne, le hêtre, et tous les autres bois pour le charronage, et notamment pour les jantes et les moyeux, pour les affûts de canon et autres pièces d'artillerie; pour les étaux, les tables de cuisine et des boucheries.

Frêne

Le frêne est un bois très-utile qui possède la qualité remarquable d'être également bon qu'il soit coupé jeune ou en pleine maturité. Il est dur, élastique et susceptible de recevoir un beau poli. Il convient pour les constructions et divers autres usages quand il a séjourné dans l'eau pendant quelques mois.

Le frêne, comme bois de charronage, est aussi précieux que l'orme, dont il égale le poids et presque la corpulence et la grandeur; comme lui, il ne paraît pas, à l'exception de ses jeunes pousses du printemps, être sensible aux plus fortes gelées d'hiver. Ses veines sont d'un blanc

et d'un poli un peu mât; il est préférable à l'orme pour les timons parce qu'il a plus d'élasti-
cité, et des fibres plus allongées : il est précieux
pour les manches d'outils, et pour les queues
de billards ; s'il n'était pas sujet à la vermulure,
il ferait de la bonne menuiserie et de la charpente.

Hêtre

Le hêtre dont les fênes donnent une huile es-
timée et peut-être la meilleure après celle d'o-
live, est celui des arbres forestiers qui, après le
chêne, se trouve en plus grande abondance dans
plusieurs forêts de l'Europe : il est très-sujet à
la vermoulure, et à s'échauffer en grume, par
l'alternative de la pluie et du soleil ; il pourrit
vite dans les scellements des murs, par conséquent il est médiocre ; cependant, il se conserve
longtemps dans l'eau, et il entre souvent dans les
constructions navales ; il fait beaucoup de retraite ; il faut donc ne l'employer qu'après l'avoir
fait sécher à l'ombre au moyen d'un bon courant d'air. Un des meilleurs moyens de dépouiller le bois de hêtre de sa sève et par conséquent
de le préserver des vers est de mettre tremper
dans l'eau les planches minces deux ou trois mois.

et les pièces plus fortes quatre à cinq mois, selon leur épaisseur. Pour les empêcher de se dé-
jeter et de se fendre en séchant, il faut les placer
à l'ombre et à plat l'une sur l'autre en les sépa-
rant de distance en distance par des morceaux
de bois qui permettent à l'air de circuler entre
elles et charger le tout d'un poids uniforme.

Employé pour meubles, le hêtre a la couleur
peu veinée et terne d'un mauvais noyer : il est
principalement employé à la confection des bois
de lit, des chaises, des jantes, des roues, des
sabots, des pelles, des boisseaux, des tonneaux,
des bâts, des colliers et des attèles des chevaux.

Le bois de hêtre pèse environ 720 kil. le mètre cube.

Noyer.

Le noyer si utile par son fruit et l'huile qu'on
en retire est, de tous les arbres qui croissent
en Europe, celui qui a le plus de qualités pour
la menuiserie ; il fait peu de retraite en séchant:
étant bien sec, il est parfait pour l'assemblage,
et il permet, en conséquence, de confectionner
des meubles aussi solides qu'élégants. Il est sujet à la vermoulure, mais beaucoup moins que
le chêne, le frène et le hêtre.

Qu'il nous soit permis de prévenir en passant qu'il est très-dangereux de se reposer en été sous cet arbre précieux, dans l'interruption d'un voyage ou des travaux qui nous ont mis en sueur : soit que l'odeur résineuse qui s'en exhale, porte à la tête et vicie l'air ; soit que ses branches rabattent trop de fraîcheur sur le terrain, nous en avons vu plusieurs fois résulter des répercussions suivies de maladies presque toujours mortelles.

Peuplier

Tous les peupliers sont propres à faire des lambris, des couvertures, des planches, des chevrons et des conduits souterrains.

Le bois de peuplier est très-léger, très-élastique et très-peu combustible, et ce sont ces trois qualités ou défauts qui le font surtout recher pour la confection des caisses d'emballage et pour planchéier les ponts en fil de fer et les ateliers sur lesquels il tombe des corps embrasés.

Le peuplier est peu sujet à être attaqué par les vers. Le pyramidal pèse environ 12 kilogrammes le pied cube, et les autres espèces de 15 à 18 kilog.

Aulne ou verne

L'aulne est un arbre fort répandu en France, il se plaît et se multiplie à l'infini dans les endroits marécageux : il est peu altérable dans l'eau ; il est précieux pour les conduits souterrains, les corps de pompe, les pilotis et les planchers en contact avec les lieux humides.

Sapin

Après le chêne, le bois de sapin est celui qu'on emploie le plus fréquemment en charpente : à grosseur et longueur égales, il a un tiers plus de force que le chêne quand on le place debout, en forme d'étais ; mais posé horizontalement, il est moins fort dans la proportion de 8 à 9. Il se conserve très-longtemps dans le plâtre et le mortier, ce qui le rend très-propre à la construction des plafonds.

Pin

Le pin est employé comme le sapin à faire

des mâts, des poutres, des chevrons, des soliveaux, des bigues, des travons, des tirans, des arbalestriers, des planches, des voliges, etc. Mais son odeur résineuse très-forte le rend peu propre aux boiseries des appartements et à la confection de certains meubles.

Mélèze

Le mélèze possède de bien précieuses qualités. Il n'est pas attaquable aux vers, on en fait des mâts, on en construit même des vaisseaux, et les principales pièces des ponts de bois. Il peut supporter de plus grands fardeaux que le chêne, et résiste mieux aussi que lui à l'eau et à l'air; il se conserve bien au-dessus des caves et placé dans une bonne condition sa durée est extrême.

Voilà les bois les plus fréquemment employés dans les construction des bâtiments. La plupart se font avec des bois de pays parce qu'ils reviennent meilleur marché; mais les belles pièces se tirent des forêts du nord de l'Europe et de l'Amérique, des Pyrénées, de l'Auvergne, de la Bourgogne, de la Franche-Comté, de la Lorraine, etc. Les sapins du nord ont, sur ceux des autres régions, une supériorité qui les rend préférables; le grain est fin et les fibres flexibles et pénétrées d'une gomme abondante qui les maintient très-longtemps après qu'ils ont été abattus et qu'on reconnaît à l'odorat.

Les sapins du midi se dessèchent beaucoup plus vite que ceux du nord; nonobstant cela, ceux des Pyrénées sont très-estimés.

Tous les arbres se rapportent à trois âges ou espèces différentes: la première sont les taillis; la seconde, les baliveaux, et la troisième, les bois de futaie.

Les bois taillis sont ceux qui ne dépassent point l'âge de 40 ans, et que l'on coupe pour mettre en vente. Les baliveaux sont ceux qu'on a laissés sur pied après la coupe; on appelle baliveaux sur taillis ceux qui ont depuis 50 ans jusqu'à 80 ans. Les bois de futaie sont de trois sortes: la première, que l'on appelle jeune ou basse futaie, dont les arbres sont de 40 à 60 ans; la seconde que l'on appelle moyenne, dont les arbres sont de 60 à 120 ans, et la troisième que l'on appelle grande ou haute futaie, dont les arbres sont de 120 à 200 ans. Après ce temps on les appelle bois de vieille futaie, parce qu'alors les bois ne pouvant plus profiter et commencent à dépérir par leur grande vieillese, ils ne sont plus propres à rien.

Il n'est pas moins dangereux de laisser trop vieillir les arbres que de les couper trop jeunes puisque dans le premier cas, il n'ont ni force ni vigueur, et que dans le second, ils sont trop petits et sans force ; c'est donc depuis 120 jusqu'à 200 ans qu'est le temps le plus propre pour la coupe.

Pour éviter de tomber dans l'inconvénient d'employer les bois trop vieux ou trop jeunes, il faut, avant de les couper, avoir une connaissance exacte de leur âge, en s'informant d'abord des gens des environs, du temps de leurs différentes plantations et de celui de leur dernière coupe, ou bien encore par soi-même, en en sciant quelques-uns par le pied, et comptant les années de leur pousse par le nombre de cercles qui se trouvent marqués sur le tronc, depuis le centre.

Il est aisé de concevoir que tous les végétaux reçoivent leur nourriture de la terre ; que c'est par le plus ou moins de nourriture qu'ils accroissent ou dépérissent, puisque l'automne les dépouille toujours des fruits et des feuilles qu'ils avaient reçus du printemps ; la fraîcheur de ce temps venant à dissiper la sève qui les entretenait, empêche le cours ordinaire de leur nourriture, ce qui fait qu'ils demeurent dans l'inaction pendant les hivers ; c'est alors que les pores

de bois se resserrent et se raffermissent jusqu'à
ce que la terre, venant à s'échauffer de nouveau
par la douceur du printemps, le bois et l'écorce
forment, autour de l'arbre, une ceinture d'un
nouveau bois, qui est un des cercles dont nous
venons de parler, et celui de la dernière année.

La coupe des bois doit se faire lorsque la sève
est inactive et spécialement à l'approche de l'hiver pour les chênes, ormes, hêtres, châtei-
gniers, etc.

Pour les sapins, pins et mélèzes, on préfère
le mois de mai et d'avril parce que la sève ne
monte pas encore.

Est-il indifférent de couper les bois en lune
nouvelle ou en lune vieille? Cette question avait
été résolue affirmativement par les physiciens
du 18ᵉ siècle: les ouvriers menuisiers charpentiers et ébénistes, au contraire, sont persuadés
que le bois coupé en lune vieille se conserve
mieux; ils ont sur cela disent-ils de nombreuses
expériences. Il pourrait très-bien se faire qu'ils
eussent raison contre les savants : *Expérience
passe science.*

De nos jours, la science paraît moins opposée
à cette tradition qu'autre fois.

La lune agissant sur la mer produit le flux et
reflux; il est à présumer qu'elle agit aussi sur

l'atmosphère, qui, elle-même, doit réagir sur la végétation et d'une manière plus sensible sur les arbres. D'un autre côté, on croit avoir observé qu'il y a un mouvement dans la sève tous les mois en nouvelle lune, ce qui doit rendre le bois plus humide et par conséquent plus susceptible d'être attaqué par les vers. Il est donc plus sage de couper le bois en lune vieille [qu'en lune nouvelle et surtout en hiver lorsque la sève est arrêtée.

Tout le monde sait qu'on appelle *poutre* une grande pièce de bois équarrie dont chaque côté a de 8 à 10 pouces ; celles qui n'ont que de 4 à 6 pouces s'appellent *solives*, *bigues*, *travons*. La force des bois est en raison inverse de leur longueur, c'est à dire qu'avec la même grosseur, plus les pièces sont longues, moins elles ont de force : elle est en raison directe de leur largeur ; ainsi une pièce qui a six pouces de largeur est le double plus forte que celle qui n'en a que 3 ; elle est en raison double de leur épaisseur, c'est-à-dire qu'une pièce qui aurait 3 pouces de largeur et 6 d'épaisseur, serait environ trois fois plus forte que celle qui n'aurait que trois pouces de l'argeur et d'épaisseur, ou, ce qui revient au même, la même pièce est beaucoup plus forte placée de champ, c'est-à-dire sur le petit côté, que si elle était placée sur le grand côté. Il suit de là qu'en coupant sur sa longueur une poutre de 12 pouces d'équarrissage, les deux pièces placées de champ auront à peu près autant de force que si on avait deux poutres de 12 pouces d'équarrissage dans tous les sens. Il en est de même à l'égard des solives.

CHAPITRE NEUVIÈME

—

Notions sur le fer, le cuivre, le bronze, le plomb et autres métaux qui entrent dans la construction des bâtiments.

Fer

Le fer est aujourd'hui de tous les métaux celui qu'on emploie le plus souvent. Il sert pour serrures, loquets, espagnolettes, pantures, gonds, arcs-boutants, grillages, etc. Le fer a un défaut très grave, c'est qu'il se rouille trop facilement, surtout dans les endroits humides, et par là perd une partie de son volume et de sa force. On le préserve en partie de la rouille en le couvrant d'un vernis, en le frottant avec de l'huile ou quelqu'autre corps gras. Depuis quelques années, on fait toutes sortes d'ouvrages en fer fondu et moulé. Les tables de communious, les grilles d'églises, les barreaux de fenêtres, les vases, les statues même en fer fondu coûtent moins qu'en fer battu et ouvragé à la main.

La tôle dont on se sert pour tuyaux de poële est du fer laminé, c'est-à-dire passé entre deux rouleaux de bronze ou d'acier qui l'étendent et le rendent plus mince. On fait des pots à fleurs, des cuvettes, des fonts de baptêmes, des autels et beaucoup d'autres choses en tôle sur laquelle on passe un beau vernis, après y avoir peint des fleurs, des personnages, des paysages, etc.

Le fer-blanc est de la tôle un peu plus mince et qui est blanchie avec de l'étain.

Le fil de fer se fait avec des barreaux qu'on fait passer dans des plaques d'acier très-dur et percées de trous qui vont en diminuant. En faisant passer le fer successivement par ces divers trous, son diamètre diminue chaque fois ; c'est avec ce fil qu'on fait les grilles de fenêtres ; c'est en réunissant ces fils de fer qu'on fait les cordes avec lesquelles on soutient les ponts suspendus.

Cuivre.

Le cuivre est employé comme le fer, en fil, en feuille, en barre, etc. ; on en fait des lampes, des chandeliers, des expositions et d'autres ornements. La rouille qu'il contracte, appelée vert-de-gris, est un poison très dangereux ; les corps gras et le vin contribuent à produire cette rouille. C'est pourquoi il est très-dangereux de s'en servir comme casserole, chaudron, etc. Si on ne les tient pas toujours dans un grand état de propreté.

Le cuivre est d'un usage moins étendu que le fer, parce qu'il est en général moins fort et plus cher : le fil de cuivre sert à enchaîner des grains de chapelets.

Le cuivre fondu avec de l'étain et du zinc forme un métal mixte appelé bronze ou airin, qui est beaucoup plus dur, beaucoup plus ferme, beaucoup plus pesant que le cuivre, mais plus cassant. Le bronze est peut-être de tous les métaux employés en grande masse celui qui résiste le plus à l'action du temps. Les anciens le faisaient servir à lier les pierres les unes avec les autres en les perçant vers le milieu. Ils en faisaient des statues, et même des poutres et des charpentes entières. Il y avait à Lacédémone un temple qui était tout en bronze. Une partie de la charpente du Panthéon, à Rome, était en bronze. La tribune où est placée la chaire de saint Pierre, à Rome, les statues colossales qui les soutiennent, et le superbe baldaquin qui couronne l'autel de cette basilique, sont en bronze. Les statues équestres et pédestres qui décorent quelques-unes de nos villes, sont aussi en bronze.

Plomb

Le plomb était autrefois employé très souvent pour couvrir les églises et les tourelles des châteaux. Dans les temps postérieurs, le plomb est devenu un motif des dévastations occasionnées par la rapacité de ceux qui voulaient s'en emparer.

On emploie aujourd'hui les feuilles de plomb que pour couvrir les clochers qui se terminent en terrasse ; on s'en sert aussi pour assujettir les barreaux de fer qui sont mis aux fenêtres. Le plomb s'oxyde plus lentement que les autres métaux, on met des plaques de plomb dans la première pierre des édifices publics, après y avoir tracé quelques lignes pour rappeler l'époque de la fondation et les principales circonstances qui l'ont précédée ou accompagnée. Le plomb se change facilement en chaux par l'action du feu ; il est alors d'un grand usage pour la peinture.

Zinc

Le zinc est un métal qui ressemble beaucoup au plomb, il est cependant moins souple ; mêlé avec d'autres métaux ; il les rend plus durs et plus cassants ; c'est le zinc mêlé avec le plomb qui forme les caractères d'imprimerie. Quand il est en feuille, on s'en sert pour couvrir les bâtiments ; mais il est difficile à souder et se tourmente beaucoup. On s'en sert aussi pour faire des baignoires, des cuvettes, et d'autres ustensiles d'un grand usage.

CHAPITRE DIXIÈME

—

Poids approximatif d'un mètre cube de bois, de fer, de pierre et des autres matériaux qui entrent dans la construction des bâtiments.

Il est essentiel pour un architecte, de connaître la pesanteur approximative des matériaux qu'il emploie dans la construction des bâtiments s'il veut se rendre compte du fardeau qu'il imposera, soit au sol, soit aux bâtisses inférieures, s'il veut aussi les faire transporter d'un endroit dans un autre, s'il veut enfin calculer le degré de compression ou de poussée de ces matériaux, afin de leur imposer des résistances convenables ; les pesanteurs indiquées au tableau ci-dessous ne sont qu'approximatives, ainsi que nous le disons plus haut, parce que ces différents matériaux varient en raison 1° de l'homogénéité plus ou moins parfaite des subtances qui les composent ; 2° de la température qui influe aussi sur elles ; 3° ou de la composition et de la fabrication de quelques-unes de ces matières telles que la brique et la tuile.

Le mètre cube de bois, de :   kilog.

Chêne..................................... pèse	905
Frêne.....................................	787
Mûrier blanc.............................	754
Hêtre.....................................	720
D'orme.....................................	700
Châtaignier	685
Marronnier	657
Noyer.....................................	656
Mélèze.....................................	656
Aune.....................................	654
Pin.....................................	620
Sapin.....................................	486
Saule.....................................	448
Peuplier d'Italie.........................	400
Liège.....................................	240
D'eau de pluie, de rivière...............	1,015
Fer forgé.................................	7,884
Fonte.....................................	8,176
D'acier...................................	8,460
Plomb.....................................	11,826
D'étain...................................	7,592

Le mètre cube, de :   kilog.

Cuivre jaune.................... pèse	7,738
Cuivre rouge...................	8,911
Marbre........................	2,920
Grès.........................	2,774
Schiste argileux................	1,825
D'ardoise.....................	2,336
Pierre dure des environs de Paris....	2,117
Pierre tendre des environs de Paris....	2,190
Sable de rivière................	1,898
Sable de carrière...............	1,606
Terre ordinaire.................	1,530
Terre glaise...................	1,890
Chaux vive....................	1,376
Plâtre gâché...................	1,387
Mortier de chaux et sable..........	1,533
Mortier de chaux et de ciment........	1,679

La toise carrée, de :

Tuiles........................	350
D'ardoises d'Angers	175
Zinc..........................	30

Le millier de tuiles :

Grand moule....................	2,000
Petit moule....................	1,300
Le millier de carreanx de 6 pouces.....	800
Le millier de carreaux à four de 7 pouces de long et 16 lignes d'épaisseur.....	1,700

Le poids cube de la pierre ordinaire, grès,

granit, calcaire, est d'environ 90 kilog. le pied cube, en le supposant d'une seule pièce et sans aucun vide ; mais comme le mur le mieux soigné et le plus parfaitement garni, contient cependant beaucoup de vides et de mortier, je crois que l'on peut porter le poids d'un mur à raison de 75 kilog. ou de 156 livres le pied cube, et avec cette donnée il est aisé de connaître le poids approximatif de la cage d'une maison. Il n'est pas nécessaire de dire qu'il faut dans ces sortes de calculs déduire les bois des portes et fenêtres.

CHAPITRE ONZIÈME

—

Notions sur la chaux, le plâtre, le sable, le mortier, le béton, la tuile et la brique.

1° Chaux

On connaît la bonne qualité de la chaux en prenant deux de ces pierres cuites, les frappant l'une contre l'autre. Si le son en est clair, net, si toutes les parties en paraissent bien liées, d'une teinte égale, d'un beau blanc de lait, vous avez tout lieu d'en espérer ; trop de blancheur annonce l'aridité des sels.

Votre chaux est-elle éteinte ; au bout de deux jours elle doit être bien grasse, bien onctueuse, avoir toutes ses parties bien amalgamées, sans aucune tache de différents blancs. Une autre preuve de la bonté de la chaux est d'absorber beaucoup d'eau lorsqu'on l'éteint ; il faut même alors qu'elle rende au moins le double en masse de ce qu'elle était en pierre. On l'éteint ordinairement dans un bassin que l'on fait exprès pour la recevoir lorsqu'elle est éteinte. Il ne faut pas opérer sur une grande quantité de chaux à la fois. On ne pourrait y suffire à cause de l'eau qu'il faut jeter dessus en abondance ; il y a cependant un terme : si on ne jette pas assez d'eau, la chaux se brûle ; si on en met trop, elle se noie ; il faut un juste milieu, de l'attention, de la continuité, dans l'eau qu'on emploie, jusqu'à ce qu'elle commence à cesser de fumer. Ne négligez pas de bien remuer, avec des rabots, vos pierres, pour qu'elle se dissolvent, s'incorporent plus aisément avec l'eau. Cette opération faite avec soin, la chaux de votre bassin étant éteinte, faites-la passer dans la fosse que vous avez faite plus ou moins grande suivant votre besoin. Recommencez une nouvelle bassinée, continuez jusqu'à ce que votre fosse soit pleine. Elle ne vaut jamais mieux que lorsqu'il y en a une grande quantité. Ils semble que les sels s'aident les uns les autres ; en effet, la chaux est d'autant meilleure, qu'elle est plus anciennement éteinte. Ne craignez donc pas d'en avoir une grande quantité du premier instant, exigez-le même de vos entrepreneurs. C'est la pierre la plus dure qui fait la meilleure chaux. Il y a des fours faits exprès pour cuire ces pierres, l'opération demande du soin, un peu suivi, même un feu de réverbère ; c'est ce qui se pratique par la forme du four, qui en dedans est une espèce d'ellipse. Une chaux qui est trop longtemps exposée à l'air ou dans un endroit humide, s'évapore d'elle-même. Le feu, les esprits, s'en dissipent ; elle se réduit en cendre, n'est d'aucun usage, c'est une chaux fusée.

Il en est de même de la chaux noyée. Un bateau rempli de pierres à chaux, qui serait submergé, serait une pure perte. La chaux serait mal éteinte, les esprits dissipés, elle n'aurait aucune vertu, elle ne serait d'aucune importance par sa couleur ; le mortier qui en serait fait ne vaudrait rien, n'en laissez pas employer, faites y attention. Ces accidents de bateaux qui prennent eaux, arrivent assez souvent.

La chaux ne serait d'aucun usage pour la bâtisse sans le sable, le ciment ou autre corps équivalent que chaque pays produit, pour être mêlé avec elle, former ce qu'on appelle mortier. Parlons du plâtre.

2° Plâtre

On connaît la bonne qualité du plâtre, lorsqu'en le maniant on sent qu'il est gras, onc-
tueux ; car s'il est sec, aride, il n'a point
d'*amour*, comme disent les ouvriers, il n'est
pas bon ; ce défaut lui vient de la cuisson. Il
ne faut pas le garder trop longtemps battu sans
l'employer, car il prend l'évent, il ne se grippe
pas avec le moellon, ne fait aucun corps ; en
enduit, il gerce ; tel, à peu près, qu'une terre
dont on gobeterait un mur. Il convient donc
d'en faire usage presque à la sortie du four.
Un rien lui fait perdre sa qualité. Le grand air
le dessèche, l'humidité amortit la fermentation
de ses sels et leur effet ; le soleil en dissipe les
esprits, cette *onctuaité* qui en fait une des
principales qualités. Si vous n'avez pas d'endroit
pour mettre votre plâtre, faites des angars
exprès. Vous ne pouvez l'éviter, si vous voulez
de bon ouvrage.

Avant de finir l'article du plâtre, je vous ob-
serverai un de ses effets fort singulier, c'est
que ceux qui l'emploient n'ont jamais la gale
aux mains, les sels crus mordicants de ce fossile
en sont la cause, ils sont aussi un des agents
pour le faire gripper avec le plâtre.

Faites aussi attention à ne pas laisser employer le plâtre noyé, on appelle de ce nom un plâtre où l'on a mis trop d'eau en le gâchant ; il ne ferait pas corps dans la construction.

3° Sable

On distingue quatre sortes de sable : sable de terrain, sable de ravine, sable de rivière, sable de mer, ce dernier n'est pas d'un bon usage.

Il y a aussi du sablon, mais il ne vaut rien pour la construction. Il est trop fin, trop mêlé de terre, il ne fait pas corps.

On reconnaît si un sable est bon à être employé, par son grain, qui ne doit pas être trop menu s'il est purgé de tout limon ou autres matières hétérogènes, de manière que si on le frotte dans la main, il ne doit y laisser aucune impression de malpropreté ou d'ordure. De même, si on le jette dans l'eau, si après l'avoir remué, l'eau reste claire, ce sable a la qualité requise ; dans ce cas, lorsqu'on le prend dans la main, qu'on le presse, il est âpre, crie. Méfiez-vous en général des entrepreneurs sur cet article. Dans les fouilles, lors des fondations, ils trouvent des sables légers, souvent même une espèce de terre à four qui ressemble assez au sable, ils prétendent que ces matières font un excellent mortier : l'interêt le leur dicte, ils y trouvent un triple avantage. Il ne leur en coûte pas d'enlèvement, on le leur paie. Ils n'ont pas d'autre sable à acheter ; comme ce sable est terreux, un peu gras, ils n'y mettent pour bien dire qu'un lait de chaux, aussi le mortier n'en vaut-il rien, il ne fait pas corps, se réduit en poussière.

Ayez soin de faire enlever exactement toutes ces espèces de sables ; n'en souffrez sous aucun prétexte, dans l'atelier ; tôt ou tard, il serait employé. Comment, en quel endroit, c'est ce qui est à savoir, mais le certain c'est qu'il n'y a plus de remède.

4° Mortier

Pour faire un bon mortier, il faut un tiers de chaux, deux tiers de sable, les bien broyer, corroyer avec le rabot, y mettre le moins d'eau qu'il sera possible ; vous aurez de la peine à faire valoir ce principe. Le travail en est plus dur, plus difficile pour le manœuvre, il semble à l'entrepreneur que son mortier fournisse moins, comme si l'eau faisait la partie qui s'identifie avec la pierre.

Votre chaux sera éteinte de plusieurs jours, afin qu'elle ait une sorte de consistance. Votre

mortier sera fait au moins la veille du jour de
l'emploi. Cette précaution est d'autant plus nécessaire, que le trop d'eau s'évapore, se perd,
en même temps la chaux, le sable, s'amalga-
ment au degré qu'il convient. Ne négligez pas
de faire les angars pour cette opération. S'il
survenait des pluies, votre mortier serait lavé,
votre chaux dissipée, dès lors plus de fermentation, le sable n'en produisant pas par lui-
même, vous n'auriez, pour ainsi dire, qu'une
terre morte. On ne fait pas assez attention à
la main-d'œuvre du mortier. On cite celui des
anciens ; le nôtre le vaudrait, s'il n'était pas
négligé, comme il n'arrive que trop souvent ; les
faibles épaisseurs que nous donnons à nos murs
de consistance, qu'il pourrait avoir s'il n'était
pas si surpris par le hale, par une sécheresse
trop prompte. Il lui faut des années pour se
faire, se mûrir, devenir aussi dur que la pierre,
s'identifier avec elle. Si vous construisez en
moellons ou en meulière, n'employez pas de
mortier dans le haut ; il n'est bon que dans les
fondations, au rez-de-chaussée, partout où il
règne une certaine humidité ; c'est le contraire
du plâtre. Les murs en pierre souffrent moins
de cet inconvénient ; les lits joints sont moins
promptement saisis par l'air étant bien fichés,
le mortier a le temps de prendre consistance.

5° **Ciment**

Le ciment le plus facile à faire et le plus dur, surtout pour les constructions qui renferment de l'eau, se compose simplement d'un mélange de chaux et de tuileau. Quelqus personnes y ajoutent du sable ; il est alors plus économique, mais moins bon. Les Romains, pour les bassins, les aqueducs, les citernes, mettaient trois couches de ciments différents : la première était en béton, d'environ 3 pouces d'épaisseur ; la seconde, composée de chaux et de tuileau concassé seulement, épaisse d'environ un pouce ; la troisième, plus mince, était composée de chaux et de tuileau en poudre. Ils battaient chaque couche successivement pour en faire sortir l'humidité et les durcir davantage. On évitait de laisser aucune gerçure, on arrondissait les angles rentrants, pour être plus assuré de la continuité parfaite des enduits. On passait ensuite par-dessus du marc d'huile, ou de l'huile de lin bouillante, ou une composition appelée *malta*. C'était un mélange de saindoux, de figues et de chaux éteinte avec du vin. Ces trois sortes d'onctions ont la propriété de rendre le ciment plus dur et plus imperméable à l'eau.

6° Béton

On appelle béton, le mélange qui se fait des mortiers hydrauliques avec des cailloux, du gravier, de la pierre concassée. La propriété essentielle du béton, c'est de se durcir dans l'eau.

Il y a des chaux qui, seule et sans mélange, possèdent la propriété de se solidifier et durcissent promptement dans l'eau. Ce sont les chaux maigres hydrauliques. Les chaux grasses peuvent aussi servir pour les constructions de ce genre, mais seulement lorsqu'on les combine avec d'autres substances, qui, comme le trass, la pouzzolanne et l'argile cuite, communiquent à toutes les espèces de chaux la propriété de durcir dans l'eau.

Pour fabriquer le béton, on prend de la chaux vive, la plus récemment tirée du four, on l'étend dans un bassin proportionnée à sa quantité. Ce bassin n'est autre que la matière mêlée au sable qui doivent l'un et l'autre entrer dans la composition du béton, et que l'on a disposée circulairement pour contenir l'eau et la chaux. Dès que la chaux est éteinte et encore très-chaude, c'est-à-dire au moment où elle est bien infusée, des hommes à l'aide de bâtons terminés en forme de masse, appelés *broyons*, mêlent ensemble la chaux et les autres matières qui les environnent ; puis, lorsque cette opération est terminée, on emploie de suite ce mortier. Après quoi, on donne à la couche de béton l'épaisseur convenable, suivant la nature du terrain et le poids des constructions à supporter ; on nivelle bien la surface de cette couche, afin que l'assise du libage qu'elle doit recevoir, trouve l'assiette précise dont elle a besoin : bientôt, par la promptitude et la force d'adhérence des parties qui forment le béton, par leur aptitude à se solidifier, la masse entière ne formera plus qu'une seule pierre d'autant moins susceptible d'enfoncer sous le poids des constructions que sa surface sera plus grande.

Il y a deux modes dans la construction des bétons : dans l'un, on tasse fortement le mélange à l'aide de la *batte* ou de la *demoiselle*; dans l'autre, l'on se borne à le poser et niveler purement et simplement. Les partisans du dernier mode, disent que le premier procédé fait perdre au béton de sa qualité en faisant sortir la *laitance*. C'est l'expérience qui décidera quel est le meilleur procédé.

7° Bitumes

On appelle bitumes, des substances huileuses qu'on trouve dans le sein de la terre ou sur la

surface des eaux ; quelquefois elles sont in-
crustées et incorporées dans des pierres de diverses espèces ; les bitumes brûlent aisément,
et répandent en brûlant une odeur plus ou
moins forte ; on en trouve sous la forme liquide,
sous la forme solide et sous une forme intermédiaire. Le bitume fluide, s'appelle naphte
ou pétrole, c'est-à-dire huile de pierre, on lui
donne ce nom parce que cette huile minérale
coule souvent dans des rochers.

Le bitume solide est employé depuis quelques années, mêlé avec de la poussière, de la
cendre ou du sable, pour couvrir les terrasses
des maisons, les trottoirs des villes, les salles
des hospices, le sol des églises, etc. Le bitume
solide se fond à la chaleur comme de la résine,
se mêle facilement avec la brique pilée, le
sable, etc., forme avec ces substances une espèce
de pâte épaisse que l'on étend sur le sol de la
terrasse que l'on veut couvrir ; et quoiqu'on ne
lui donne pas plus d'un pouce d'épaisseur,
cette couverture légère met parfaitement à
l'abri des goutières et des infiltrations.

Le premier essai de ce nouveau mastic a été
fait avec celui de Seyssel ; mais depuis on a fait
usage de celui d'Issengeaux, du Puy-de-Dôme,
de celui des Landes, etc., et même du bitume

qui se produit dans la fabrication du gaz pour l'éclairage.

Le ciment de Pouilly et de Vassy, en Bourgogne, et de Grenoble en Dauphiné, qu'on trouve en dépôt dans toutes les grandes villes, peut servir aussi utilement pour les bassins, les aqueducs et les terrasses. On le mêle avec de la brique pilée en égale quantité et on l'étend comme le plâtre. Il prend bien sur les pierres et les briques, et non sur le mortier. Ce mastic empêche l'humidité des appartements.

La pierre qui produit ce ciment naturel est calcaire, gris de cendre, très-lourde, et très-difficile à casser ; on la trouve en couches minces ou en masses rondes et applaties, dans des argiles qui font partie des terrains que tous les naturalistes nomment le lias, et qui est principalement caractérisé par une infinité de coquilles toutes de la même espèce et que l'on appelle gryphites. Cette pierre à ciment n'exige pas autant de chaleur pour la cuisson que la pierre à chaux ordinaire ; quand elle est restée rouge pendant une heure ou deux, on l'écrase, on tamise la poussière qui en résulte dans un tamis de crin, et l'on peut s'en servir immédiatement en l'humectant avec un peu d'eau, et de manière à lui conserver la consistance d'une bouillie très-épaisse, telle à peu près que le plâtre gâché. Il faut mouiller la place sur laquelle on doit l'appliquer, et le lisser fortement avec la truelle jusqu'à ce que sa surface devienne mouillée. Ce ciment s'échauffe légèrement un instant avant de faire sa prise, puis il durcit de plus en plus, soit à l'air, soit sous l'eau. On peut, par économie, on le conseille même, mêler le ciment avec partie égale de sable siliceux, la prise est aussi prompte mais la chaleur produite un peu moins forte.

Ce ciment ne se prépare encore qu'à Pouilly, à Vassy et à Grenoble ; mais la pierre existe aussi dans l'Aveyron et à Chavagnac, près Terrasson, département de la Dordogne.

8° Terre à pisé

Il est peu de terre qui ne soit propre pour la construction des pisés, sinon l'argileuse et la sablonneuse ; la première, parce qu'elle se fend en séchant et la seconde parce qu'elle n'admet aucune liaison.

Quand on a le choix, il faut préférer celle qui est forte, c'est-à-dire celle qui se coagule aisément ; ce qui se connaît, lorsqu'elle garde la forme que la main lui imprime, sans qu'elle s'attache aux doigts. Telle est en général la terre franche de jardin. On emploie, avec le même succès, la terre forte mêlée de gravier, pourvu qu'il ne soit pas trop gros ; elle ne doit d'ailleurs renfermer aucun mélange d'herbes ou de racines qui, en pourrissant, laisseraient des vides ou l'air s'introduirait et exercerait son action au préjudice du pisé.

Quant à l'humidité que doit avoir la terre à pisé, elle doit être à peu près la même que celle qu'on lui trouve ordinairement dans l'état de nature, à environ un mètre de profondeur, alors elle s'émiette et se rend meuble facilement.

Tuile

Carreau de terre cuite dont on fait les couvertures. Il y en a de plates et de creuses. La meilleure est celle de Bourgogne. La bonne tuile, en frappant dessus avec le marteau, doit rendre un son sonore; certains points brillants font connaître la bonne cuisson ; elle doit se rompre difficilement, être aussi cuite dans l'intérieur qu'à la superficie, sans être vitrifiée. Il ne faut point s'arrêter à la couleur, car les terres en prennent de différentes à la cuisson : les unes sont presque blanches, d'autres sont fort rouges, d'autres brunes ; et toutes peuvent être bonnes.

La tuile se divise en grand et petit moule. La tuile de grand moule est de 0 mètre 30 centimètres sur 25, et celle du petit moule de 0 mètre 20 centimètres sur 18.

Il y a aussi une tuile ancienne, qu'on appelle de Passy, et que l'on trouve sur de vieilles maisons; mais elle diminue tous les jours, parce que depuis longtemps on n'en fabrique plus, et que la vétusté la fait souvent rejetter à cause de sa mauvaise qualité. Elle porte 0 mètre 34 centimètres de haut sur 0 mètre 24 centimètres de large.

Il est aussi une manière de couvrir en tuile, que l'on appelle à claire-voie. C'est une économie employée pour les angards, les usines, les forges, parce que les tuiles sont écartées de 0 mètre 8 centimètres entre elles, et que la fumée et la poussière peuvent s'échapper par ces intervalles. Le clou pour attacher la tuile s'appelle aile de mouche.

10° Brique

Pierre artificielle faite avec de la terre ferme ou de la glaise cuite au four; elle est toute faite d'échantillon.

La brique crue est celle séchée au soleil et qui n'a point passé au feu; elle sert pour faire des fours à chaux.

La brique cuite joue un grand rôle dans la

construction ; on l'emploie pour la construction des fours, des murs où s'appuient les corps de cheminée, etc.

La brique de Bourgogne est la meilleure que l'on connaisse ; elle est de beaucoup supérieure à celle des autres pays. Lorsque l'on fait des cloisons en briques, on a le soin de les placer de champ.

Dans les autres murs on peut la mettre à plat.

Les édifices antiques qui avaient été bâtis en briques étaient beaucoup mieux conservés que ceux où l'on avait employé la pierre. Il est hors de doute que les constructions de ce genre sont d'une plus grande durée. Les briques étant beaucoup plus poreuses que la pierre, attirent la chaux et se lient fortement entre elles au point de ne former qu'une seule masse. D'ailleurs, les briques sont beaucoup plus légères, et ne sont pas sujettes à se calciner dans un incendie.

CHAPITRE DOUZIÈME

—

Suite du précédent

Ardoise

Les ardoises qu'on estime le plus sont celles qui sont solides et minces tout à la fois ; la meilleure est celle qu'on tire à une grande profondeur. Celle des premiers lits est d'une couleur rousse, elle se pénètre d'eau, s'attendrit. Il y a deux espèces d'ardoises, la carrée et la cartelette : la première a 30 centimètres de haut sur 22 à 23 de large ; la cartelette n'a que 22 à 23 centimètres sur 16 à 17 ; il en faut environ 176 par toise carrée, et 44 à 48 pour un mètre carré.

Il faut dire cependant que, dans les pays qui sont sujets aux grands vents et dans ceux où il tombe beaucoup de neige, on préfère les ardoises plus petites et plus épaisses que celles que nous venons de citer.

Pierres nouvellement extraites de la carrière

Quand les pierres sont nouvellement extraites de leur carrière, elles sont pénétrées d'une certaine humidité que l'on appelle eau de carrière ; dans cette état et à cette époque, elles sont plus faciles à tailler et à piquer ; mais il est prudent de les couvrir de paille et de recoupe pour les garantir de la gelée du premier hiver qui suit leur extraction. Pour faciliter la taille du granit, on le mouille ; c'est un fait bien connu des ouvriers ; c'est en partie pour cette raison que l'on scie le marbre à l'eau, et non pas à sec.

Moyen simple pour s'assurer si la pierre d'une carrière nouvellement ouverte est gelive ou non.

Quand on veut s'assurer que la pierre d'une carrière nouvellement ouverte ne craint pas la gelée, il faut en faire tailler un petit cube de 7 à 8 centimètres de côté ; c'est la pierre d'essai. On se procure un demi kilo de sel de Glauber ou sulfate de soude, chez un pharmacien, on le fait fondre dans un litre d'eau froide, et ensuite on le fait bouillir dans un vase quelconque. Lorsqu'il bout, on y plonge la pierre d'essai et on l'y laisse bouillir pendant une demi heure. On retire la pierre, on la place dans une assiette et l'on verse par-dessus un demi verre de la lessive dans laquelle on l'à faite bouillir et on l'abandonne à elle-même.

Quand la pierre est sèche et qu'elle a absorbé l'eau que l'on a versée par-dessus, on l'arrose tous les jours avec quelques gouttes d'eau ordinaire, et l'on ne tarde pas à s'apercevoir que la pierre se couvre d'aiguilles neigeuses, de sel semblable au salpêtre ; on arrose légèrement à chaque fois qu'elles se forment, et si cette eau n'entraîne avec elle ni grains, ni écailles, ni fragments de la pierre d'essai pendant quatre ou cinq jours que doit durer l'expérience, on peut être certain que la pierre résistera à la gelée ; car si elle était gelive, les angles et les arêtes de cette pierre tomberaient avec le sel, et la pierre d'essai s'arrondirait. Si l'expérience se fait par un temps sec ou dans un appartement chaud, elle marche plus vite et mieux que par un temps humide et froid.

L'on ne doit employer que dans l'intérieur des maisons les pierres gelives, il serait très-imprudent de les exposer aux injures de l'air ; sans cette attention, on aurait le désagrément de les voir s'égrener et éclater, et les murs se détériorer.

Foyer de cheminée

Il n'est point indifférent de doubler ou de peindre l'intérieur du foyer des cheminées, avec tel métal ou telle substance, parce que tous les corps ne renvoient pas la chaleur avec la même force ; voici dans quel ordre il faut les ranger : cuivre, argent, fer, étain, plomb, verre, noir de fumée. Donc, il serait très-avantageux de doubler l'intérieur des cheminées avec des feuilles de cuivre ou de tôle polie, et qu'il faut bien se garder de peindre en noir.

Enduits

Les enduits en mortier prennent ordinairement le nom de crépi, lorsqu'on ne le compose que d'une couche, et que la façon en est peu soignée. Dans tous les cas, la première couche doit contenir plus de chaux que le mortier ordinaire, et être formé de préférence de chaux vieille éteinte. Il doit être bien battu et bien assoupli ; et s'il est formé avec de la chaux récemment éteinte, il doit être laissé en tas fort longtemps, et ensuite humecté et battu de nouveau. La première couche appliquée et bien sèche, on en étend une autre plus mince, où l'on a employé du sable plus fin et en plus grande quantité, et que l'on unit non-seulement avec la truelle, mais encore avec une petite règle de bois emmanchée que l'on promène sur le mur en l'humectant. Ce travail terminé, on blanchit le mur avec un lait de chaux. Si l'on eut désiré un plus bel enduit, il aurait fallu choisir de la chaux très-fine, éteinte depuis longtemps et conservée dans du sable, le broyer avec de la craie, et en appliquer une couche sur le second enduit, avec la truelle et la règle, comme nous venons de le dire. Cette troisième couche serait susceptible d'acquérir par le frottement un très-beau poli. Quand le crépi doit être appliqué sur une surface unie, comme sur du bois, il est bon d'y clouer des lattes sur lesquelles on fait des hachures, ou du moins d'y enfoncer plusieurs clous.

Dans les pays où l'on manque de plâtre, et où la chaux abonde au contraire, on peut composer un mortier proposé à remplacer le plâtre dans la construction des corniches et autres ornements, en ajoutant trois parties de chaux vive, en poudre, à un mortier liquide, formé de deux parties de sable fin et une de tuileau bien pulvérisés, délayés en bouillie claire avec une quantité suffisante de chaux vieille éteinte pour lier le tout. L'addition de la chaux vive en poudre se fait dans l'auge où a été mis auparavant le mortier, et l'on mélange vivement les matières pour les employer sur le champ.

Badigeon

On nomme badigeon un enduit blanc ou jaunâtre dont on revêt les murs pour leur donner l'apparence d'une construction nouvelle ou la couleur de la pierre fraîchement taillée ; la composition dont on fait usage le plus communément, se prépare de la manière suivante : On prend un seau de chaux éteinte, on y joint un demi seau de sciure de pierre avec de l'ocre de rue en plus ou moins grande quantité, suivant l'intensité de la couleur que l'on veut donner au badigeon, on détrempe le tout dans un seau d'eau où l'on a fait fondre un demi kilogramme d'alun. Lorsque l'on manque de sciure de pierre, on la remplace par une plus grande quantité d'ocre de rue ou d'ocre jaune, à laquelle on ajoute des écailles de pierre pulvérisées et tamisées ; on fait du tout une espèce de ciment avec la chaux et on l'applique sur le mur.

Le badigeonneur se sert pour cet usage d'une grosse brosse ou d'un fort pinceau.

Il faut deux et même quelquefois trois couches de badigeon.

Stucs

On donne le nom particulier de stucs, à des enduits qui sont susceptibles de recevoir un beau poli. Les meilleurs se préparent avec de la chaux bien choisie, éteinte avec précaution, bien broyée ensuite, et conservée pendant plusieurs mois dans du sable. Pour faire le stuc, on incorpore à cette chaux quantité égale de marbre blanc pulvérisé, ou de toute autre espèce de pierre dure, ou même de craie ; on broie le tout de manière à former une pâte ductile, et on l'applique sur une surface humide et un peu rude, en couche de deux lignes environ. Quand il est sec, on le frotte pour le polir avec des linges humides et de la poudre de pierre-ponce.

On continue, en frottant avec la paume de la main, et on finit par donner le lustre avec une très-petite quantité d'huile de lin. Mais il ne faut pas en employer assez pour former des tâches. L'opération du poli est une opération très-minutieuse, qui requiert une grande habitude pour être bien faite, et pour laquelle il ne faut épargner ni temps ni patience.

Lorsque le stuc doit être appliqué sur des surfaces d'intérieur qui sont à l'abri des intempéries de l'air, on peut le faire reposer sur un enduit de mortier de chaux et sable avec plâtre ;

mais lorsqu'il doit être appliqué sur des surfaces extérieures, il faut lui donner un soutien plus résistant, et, en conséquence, ne l'appliquer que sur un bon ciment, formé de chaux, de tuileaux pulvérisés, ou de pouzzolane et de scories de charbon de terre.

Quelques-uns composent le stuc dont nous venons de parler, en pétrissant avec de l'huile de lin, trois parties de marbre blanc pulvérisé et une de chaux. Ce stuc est appliqué en couches minces à quelques jours d'intervalle; et, quand la dernière est donnée, on la recouvre d'un peu de poudre de marbre détrempée dans l'eau, que l'on étend à la truelle. Lorsque l'ouvrage commence à sécher on polit le tout.

Le stuc de plâtre étant d'un très-bel effet et peu dispendieux, on peut l'employer au revêtement des surfaces intérieures qui ne sont pas exposées à l'humidité.

Pour le composer, on fait choix du meilleur plâtre, et on le gâche, après l'avoir bien pulvérisé, avec une dissolution de colle forte dans huit parties d'eau.

Cette dissolution est employée chaude, parce que le plâtre prendrait trop vite.

Quand le stuc est appliqué, ce qui se fait à la truelle, comme à l'ordinaire, on le polit en frottant avec de la pierre-ponce ou une autre pierre dure à grain plus fin que le grès, et on enlève en même temps les petites parcelles de plâtre que l'on détache avec une éponge humide. Ce premier travail terminé, on continue de frotter avec un linge humide et du tripoli, de la craie ou du charbon de bois blanc ; on nettoie cependant toujours avec une éponge et l'on donne ensuite le dernier poli avec un morceau de chapeau imbibé d'huile, à quoi on ajoute, en commençant du tripoli.

Si l'on voulait nuancer le stuc de plâtre, comme du marbre, on gâcherait séparément dans des petits vases, une petite quantité de plâtre mêlé avec différentes couleurs en poudre ; on formerait une espèce de galette de chaque pâte, et ces galettes, placées les unes sur les autres, coupées par tranches et appliquées avec la truelle, produiraient un marbre d'autant plus diversifié, que leur nombre serait plus grand. L'ouvrage sec, on le polirait de la même manière que s'il était uni.

Le stuc de plâtre est toujours d'un très-bel effet quand il est poli convenablement; mais on en fait pas grand usage, parce que ce poli nécessite un travail long et minutieux, quoi que du reste peu difficile.

Il est bon d'observer que l'eau fait perdre de son brillant au stuc de plâtre et forme une tache

sensible. Les stucs s'emploient dans les vestibu-
les, les appartements et les salles à manger, où
ils prennent la place des enduits en plâtre ou
des lambris en menuiserie; ils peuvent se varier
à l'infini, non-seulement on peut imiter, avec
cette matière, tous les marbres, mais encore on
peut composer toutes les variétés que le caprice
suggère.

Les stucs bien confectionnés ont bien l'éclat
du marbre, mais non sa consistance ni sa durée,
ils se raient facilement. Il faut éviter de faire
des stucs dans des endroits humides, parce qu'ils
se tachent en peu de temps; mais ils se con-
servent parfaitement dans des endroits secs.

CHAPITRE TREIZIÈME

—

De la peinture d'impression

On appelle ainsi celle qui se couche à plat avec des brosses sur les menuiseries, les murs, les plafonds, etc. Il y en a deux sortes, peinture en détrempe et peinture à l'huile.

Peinture en détrempe

Peinture à la colle. Pour faire un bon travail, il faut : 1° que les fonds soient bien grattés à vif, et éviter avec le plus grand soin les fonds d'huile ; 2° donner un encollage de molleton (ou blanc d'Espagne), reboucher ensuite avec le mastic, redonner un deuxième encollage, poncer, passer la peau de chien et le papier de verre, redonner un blanc d'apprêt, passer ensuite deux couches de teinte, suivant les tons convenus, encoller à la colle de parchemin et vernir au vernis à l'esprit-de-vin.

L'apprêt de la détrempe ordinaire se fait de même, à l'exception que l'on ne donne qu'un encollage ou deux, suivant la nécessité des fonds, et une couche de teinte.

Peinture à l'huile

Les peintures à l'huile sont d'un bon usage, en ce que de quelque couleur qu'elles soient, elles contribuent beaucoup à la conservation des bois. Les premières couches doivent être nourries en huile et les secondes en couleur. Il ne faut mettre que l'autre ne soit sèche. On se sert d'huile de lin et les couleurs sont broyés à la molette avec l'huile d'œillet. Quand on les emploie on y met de l'huile ou essence de térébenthine et un peu de litharge pour les faire sécher plus promptement et les empêcher de jaunir.

Les procédés sont généralement les mêmes dans tous les genres de peinture à l'huile, et la seule différence consiste dans le travail.

Quand on veut peindre des volets, des portes, des lambris, des boiseries, etc., il faut auparavant détruire l'effet des nœuds, parce qu'en général ils sont saturés de térébenthine qui empêche à la couleur de prendre. Le meilleur

moyen que je connaisse pour obvier à cet in-
inconvénient, c'est de passer la brosse sur les
nœuds avec une composition de céruse délayée
dans l'eau et fortifiée par une forte dissolution
de colle forte ; quand cette couche est sèche, on
peint les nœuds avec de la céruse à l'huile, à
laquelle on ajoute un des siccatifs, tel que de la
litharge ou du rouge de plomb. On applique
cette peinture uniformément. Quand la dernière
couche est sèche, on l'égalise avec de la pierre-
ponce, on donne alors la première couche de
peinture à l'huile ; cette couche étant suffisamment sèche, on bouche soigneusement les trous
des clous, des nœuds et les autres défauts de la
surface, s'il en existe, avec du mastic de vitrier.

Peintures d'ornement

Le premier blanc se fait à deux et trois cou-
chés. Les premières et deuxièmes couches sont
au blanc de plomb, la dernière est au blanc
d'argent. Dans les ornements faits à la colle,
on emploie le blanc de céruse broyée à l'eau.
Les statues se font le plus souvent au blanc de
céruse détrempé dans le lait. Dans les peintures
extérieures, il faut mettre sur l'impression le
premier fond pas trop chargé d'huile, observer
en outre de mettre la seconde couche avant que
le premier fond soit trop sec.

Des siccatifs

Le meilleur des siccatifs pour tous les beaux blancs et pour les teintes fines, c'est de la litharge délayée dans l'huile de noix ; mais comme elle est très-active, une petite quantité de la grosseur d'une noix suffira pour 10 kilos de couleur, dont la base est de la céruse. Les nuances les plus usitées dans la peinture en bâtiment, sont : Les divers gris, jaunes, bleus, verts, rouges, bruns, couleurs de bois et couleurs de pierres.

Nous allons indiquer les principales matières qui composent ces différentes couleurs d'après *Le propriétaire architecte,* par M. Vitry.

Gris

« 1° *Gris argentin et gris de perle* : blanc, noir de vigne, une pointe de bleu de Prusse.

» 2° *Gris de lin :* blanc, laque et un peu de bleu de Prusse.

» 3° *Gris commun :* blanc et noir de vigne. »

Jaunes

« 1° *Chamois :* blanc, beaucoup de jaune de Naples, un peu d'ocre jaune et une pointe de vermillon.

» 2° *Jonquille* : blanc et stil de grain de Troyes.

» 3° *Aurore :* blanc, stil de grain de Troyes et une pointe d'orpin rouge.

» 4° *Citron* : blanc, stil de grain de Troyes et une pointe d'orpin jaune.

» 5° *Or :* blanc, jaune de Naples, ocre jaune un peu d'orpin rouge. »

Bleus

« 1° *Bleu tendre, bleu céleste, bleu de roi, bleu turquin.* Toutes ces nuances de bleu se font avec du blanc et du bleu de Prusse, combinés entre eux dans diverses proportions.

» 2° *Violet :* Mélange de rouge et de bleu ; il y en a beaucoup de nuances ; il se compose communément de laque, de bleu de Prusse, très-peu de blanc, et une pointe de carmin, si on le juge à propos. »

Verts

« 1° *Vert d'eau* : blanc de céruse et vert de montagne.

» 2° *Vert de treillage :* deux tiers de céruse, un tiers vert de gris sec.

» 3° *Vert de mer :* blanc, bleu de Prusse, stil de grain de Troyes.

» 4° *Vert de pomme* : il se compose communément de deux onces de Troyes, demi once de bleu, pour une livre de blanc.

» 5° *Vert d'appartement* : il se compose communément de deux onces stil de grain de Troyes, demi once de bleu, pour une livre de blanc. »

Rouges

« 1° *Carreaux d'appartements* : On se sert pour les imprimer de rouge de Prusse.

» 2° *Cramoisi* : très-peu de blanc et laque carminée.

» 3° *Rose* : blanc, peu de carmin, une légère pointe de vermillon.

» 4° *Lilas* : un quart blanc, un quart cendre, bleu, moitié laque rose ou rose laque ordinaire, bleu de Prusse et blanc. »

Bruns

« 1° *Marron* : brun-rouge d'Angleterre, ocre de rue et noir d'ivoire.

» 2° *Olive :* Ocre jaune, peu de vert de gris et de noir. »

Couleurs de bois

« 1° *Acajou* : blanc, laque carminé et une pointe ocre de rue.

» 2° *Chêne* : trois quarts blanc, un quart ocre de rue, ocre jaune et terre d'ombre.

» 3° *Noyer* : blanc, ocre de rue, ocre jaune et terre d'ombre. »

Couleurs de pierre

« 1° *Ardoise* : blanc, noir et une pointe de bleu.

» 2° *Brique :* ocre rouge.

» 3° *Badigeon* : C'est la couleur que l'on donne aux crépis et enduits extérieurs.

» On le compose avec du blanc et un peu d'ocre jaune pour imiter la pierre grise (pages 184, 185 et 186). »

Belle couleur rouge pour le noyer et autres bois

On prend un décagramme de bois de Fernambouc en poudre et trois décagrammes d'alun ; on les fait bouillir doucement dans un litre d'eau pendant une demi-heure, on passe la décoction à travers une toile, on la concentre ensuite jusqu'à ce qu'elle se réduise au quart et on y ajoute quatre grammes de potasse purifiée. On met trois ou quatre couches sur le bois.

Belle couleur bleue pour le bois de campêche

On fait bouillir dans un litre d'eau deux hectogrammes de ce bois coupé menu, pendant une heure ; on y ajoute un décagramme de vert de gris, en l'agitant bien, et l'on passe ce liquide à diverses reprises sur le bois.

Belle couleur jaune

On teint les bois de cette couleur en formant des bains avec les substances suivantes : la gaude, le bois jaune, le fussel, le quercitron, la graine d'avignon et le curcuma. On fait simplement une décoction d'une ou plusieurs de ces substances bien divisées, en faisant bouillir avec de l'eau et augmentant d'une de ces matières pour avoir diverses nuances.

Couleur noire

On prépare une décoction formée d'une once de noix de Galle, une once de sulfate de fer, six onces de bois de campêche, le tout en poudre, que l'on fait bouillir un instant.

Diverses couleurs grises

Les gris s'obtiennent par le même procédé que le noir, mais il faut employer moins de sulfate de fer, la proportion ordinaire est d'une once sulfate de fer pour deux onces de noix de Galle.

Couleurs composées

Ces couleurs s'obtiennent en teignant successivement le bois dans deux couleurs différentes simples ou en les passant avec deux couleurs mélangées, ainsi le rouge et le bleu, donneront un violet ; le rouge et le jaune, l'orangé ; le bleu et le jaune, le vert ; le jaune et le gris, du fauve, ainsi de suite, on peut varier les nuances à l'infini.

Pour imiter l'acajou clair avec reflet doré

On fait une infusion de brésil, que l'on passe à chaud sur le sycomore et l'érable.

Vernis pour la dorure

Gomme laque en grains, 125 grammes ; gomme gutte, 125 grammes ; sang de dragon, 125 grammes ; rocou, 125 grammes ; safran, 32 grammes.

On fait fondre à froid chaque résine dans un litre d'alcool, on fait deux teintures séparées ; le sang de dragon et le rocou dans un litre, la

gomme gutte et le safran dans un autre; on les
conserve ainsi; on les mêle au moment de s'en
servir, afin de pouvoir varier les nuances à
volonté.

Vernis noir pour les ferrures

Bitume de Judée, 500 grammes; colophane,
500 grammes; huile siccative, un litre; vernis
au copal ou au succin, un litre; essence de térébenthine, assez pour le mettre de même fluidité
que celui au copal.

On fait fondre dans une bassine, sur un feu
doux, le bitume et la colophane; on ajoute
l'huile siccative, puis le vernis et une petite
quantité de noir de fumée, afin de rendre le
tout noir plus foncé. On y ajoute de la térébenthine, afin de bien lier le tout ensemble, et que
l'on puisse bien l'étendre au pinceau.

Pour dorer le fer et l'acier

On verse une solution d'or dans de l'acide
nitro-muriatique (eau régale), environ le double
d'éther; on fait ce mélange dans un grand vase,
en prenant beaucoup de précautions; on secoue
ces deux mélanges; aussitôt qu'il est en repos,
on voit l'éther se séparer de l'eau régale et
flotter à la surface; l'acide se décolore et l'éther

prend la couleur, parce qu'il enlève l'or à l'acide ; on verse les deux liqueurs dans un entonnoir en verre, dont le bec doit être très-fin, on le bouche jusqu'à ce que les deux liquides soient dedans et bien séparés, on débouche le trou de l'entonnoir, l'acide plus lourd passe aussitôt, on bouche et il y reste l'or dans l'éther ; on le met dans une fiole pour servir au besoin ; on polit le fer ou l'acier avec de l'émeri le plus fin possible, ou plutôt du rouge d'Angleterre, délayé dans de l'eau-de-vie, on l'essuie et on passe avec un pinceau fin l'éther que l'on a soin de remuer, il s'évapore aussitôt et l'or demeure sur la pièce, on la chauffe doucement et on les brunit.

Eau qui dore le cuivre et l'airain, en le trempant seulement

Prenez du vitriol vert et sel ammoniac en parties égales, dissolvez-les dans du vinaigre distillé, laissez évaporer le vinaigre, mettez à la cornue pour distiller et conservez la liqueur provenant de la distillation ; éteignez dans cette liqueur le cuivre et l'airain bien poli, il en sortira une belle couleur d'or.

Pour dorer l'étain, plomb, fer-blanc et autres

Prenez poix résine, un kilogramme ; huile de térébenthine, 125 grammes, et un peu de résine ;

fondez le tout par un feu doux, pour en faire un vernis que vous appliquerez avec un pinceau. On y applique aussitôt les feuilles d'or ou d'argent, qui s'y attachent très-solidement.

Manière très-simple pour dorer, argenter, bronzer sur fer, cuivre, bois, plâtre, etc.

Prenez un peu de vernis copal avec un pinceau, étendez-le sur l'objet que vous voulez dorer, argenter ou bronzer. Ayez bien soin de mener votre pinceau fortement, afin que votre mordant soit également étendu partout, piquez bien dans tous les trous, dans toutes les cavités ou endroits bosselés, pour que votre mordant pénètre partout. Si vous dorez à la feuille d'or ou à la feuille d'argent, vous pouvez placer votre feuille sur l'objet où le mordant est posé, en prenant le petit cahier qui les contient dans la main droite à demi ouvert, commençant par appliquer le bas de la feuille sur l'objet à dorer et en suivre le contour en appuyant légèrement ; la feuille s'y étendra toute si l'objet est grand, et cassera juste où il faut si cet objet est petit. Il faut, pour étendre votre feuille, pour la polir, un pinceau à plumes fortes et un peu gros, ou bien une pelotte de coton, si vous aimez mieux. En laissant sécher les objets dorés ou argentés quelques jours, vous aurez une dorure que rien ne pourra détériorer.

Si vous vouliez réparer un objet qui a été déjà doré et qui manquerait de plâtre, vous aurez soin de mouiller l'endroit avec un chiffon, et vous y mettrez du mastic de vitrier avec la pointe d'un couteau.

Pour dorer, bronzer, etc., à la poudre d'or, après avoir passé le mordant, il faut avec un pinceau un peu gros et très-doux, prendre de la dite poudre et en frotter légèrement sur l'objet à dorer.

Pour dorer sur argent, vermeil, etc.

Prenez trois gros d'eau régale que vous trouverez chez les pharmaciens, prenez ensuite un gros d'or en feuilles que vous dépouillerez du livret et que vous ferez dissoudre dans l'eau régale. Quand l'or sera fondu, vous mettrez un gros de salpêtre bien pilé, une fois le salpêtre dissous, vous tremperez un linge de toile dans cette liqueur, afin qu'il absorbe le tout. Une fois que votre linge sera bien imbibé, vous le ferez sécher à l'ombre. Une fois bien sec vous le brûlerez dans un vase, et vous conserverez précieusement les cendres. Quand vous voudrez dorer, vous en prendrez une pincée avec un morceau d'étoffe, et vous frotterez fort l'objet à dorer, et avec un morceau de péau de gants, vous y mettrez un peu de rougé anglais dessus, pour faire brunir l'objet.

Note sur la manière de peindre les portes et les contrevents

Dès que maître Pierre eut fait poser les portes et les fenêtres, il se mit en devoir de les faire peindre à l'huile, et voici comment il s'y prit : il fit acheter un petit baril d'huile de lin, et la rendit siccative en y ajoutant une certaine quantité de litharge, en la manière que nous avons dit dans le cours de ce chapitre; il se procura en même temps deux gros pinceaux et montra la manière de s'en servir à un jeune homme du village qui lui parut intellelligent. Il fit donner la première couche à l'huilé pure et chaude, sans aucune couleur; mais avec l'attention de faire dépendre les portes et les contrevents, afin de pouvoir les peindre à plat, car, disait-il, on trouve de l'économie à peindre de la sorte, puisque l'huile pénètre en entier dans la fibre du bois et qu'elle ne tombe pas, comme cela n'arrive que trop souvent, quand on les peint debout. Enfin, au fur et à mesure que l'on étendait l'huile, il faisait passer du sable fin à travers un tamis de soie ; il tombait sur l'huile encore chaude et formait ainsi une petite couche de mastic imperméable, qui devait garantir le bois de l'action du soleil et de la pluie, et c'est par-dessus cette première couche bien séchée qu'il fit étendre une couche de couleur verte, persuadé, disait-il, que l'on retrouverait bien cette première dépense par la grande durée du bois (Brard, *Art de bâtir*).

CHAPITRE QUATORZIÈME

Des dangers d'habiter trop tôt les maisons nouvellement bâties ou réparées

Parmi les causes nombreuses qui tendent à altérer de plus en plus la santé des habitants des villes et à préparer pour l'avenir une génération plus souffrante et plus maladive, il est à signaler, comme une des plus redoutables et des moins redoutées, l'usage d'habiter trop tôt des maisons nouvellement construites. Cet usage n'est pas nouveau, sans doute, mais il est constant qu'autrefois il n'était reçu que par le rebut de la société (filoux, filles de mauvaise vie, etc.), et par quelques imprudents qui en ont été victimes, tandis qu'aujourd'hui, il est, on peut dire généralement adopté. On voit même, chose sans exemple jusqu'à nous, des personnes ne pas attendre que les maisons soient achevées pour les habiter. Sur un des boulevards les plus fréquentés de Paris, on a vu, en 1824, un limonadier occuper le rez-de-chaussée et le premier étage d'une maison dont les étages supérieurs étaient encore à faire ; et à l'exemple du limonadier, contre toute raison, on a vu d'autres personnes occuper successivement ses différents étages à mesure qu'ils sortaient des mains des ouvriers. Cet exemple déplorable se répète malheureusement trop souvent ; les boutiques et les appartements se louent sur le plan des maisons, c'est-à-dire avant que les fondations aient été tracées sur le terrain. On va encore quelquefois plus loin, l'impatience de jouir a trouvé le moyen de faire quelque chose de pis, on prend actuellement possession d'une boutique qui est encore à faire, on s'achalande d'avance, on inscrit son nom et sa profession sur un bout de planche que l'on place soit au devant du terrain sur lequel on doit construire, soit contre le mur de la maison qu'on y élève. Voilà ce qui se voit en plusieurs villes.

Nos pères étaient, sous ce rapport comme sous beaucoup d'autres, beaucoup plus sages et mieux avisés que nous. Aujourd'hui c'est à qui s'emparera d'une maison neuve ; autrefois c'était à qui ne l'occuperait pas. Les maisons neuves restaient inhabitées dix-huit mois, deux ans et plus.

Avant la révolution de 1789, il y avait en France très certainement plus d'ignorance sur beaucoup de choses inutiles au bonheur, et qui depuis sont devenues d'une funeste nécessité ; mais il y avait des traditions sages et surtout un gros bon sens, un instinct de conservation que n'ont point remplacés l'instruction est tout le savoir que nous nous donnons.

Pour bien faire comprendre aux personnes si pressées d'habiter les maisons nouvellement bâties le danger certain auquel elles s'exposent et qu'on ne peut mépriser que par ignorance, je vais rapporter ici ce qu'a publié, il y a une cinquantaine d'années, l'abbé Jacquin :

« Quelque chose qui nuit beaucoup à la santé, dit ce sage auteur, et qui devient mortel pour beaucoup de monde, c'est la fureur où l'on est de nos jours d'habiter promptement des maisons bâties en peu de temps. Nos pères employaient pour construire leurs demeures des bois coupés depuis quelques années et des pierres sorties de la carrière depuis un certain temps. Pour nous, avides de jouir en tout, nous construisons avec des pierres saignant encore l'eau de la carrière et des poutres humides, des habitations chargées de plafonds et de cloisons de plâtre, et décorées de peintures à l'huile et de vernis, dans lesquels nous nous hâtons de puiser la source de plusieurs maladies et souvent la cause de notre mort.

» Le bois vert, outre le désagrément qu'il a de pourrir promptement, sue beaucoup la première année et communique à l'air une humidité qui occasionne un grand nombre d'infirmités, comme des douleurs dans les membres, des rhumatismes, la goutte et toutes les maladies qui viennent de la transpiration interceptée.

» Rien de plus pernicieux que l'odeur des couleurs à l'huile et des vernis : elle cause des vapeurs, des suffocations, enfin la langueur et la mort. Une expérience constante et journalière, nous apprend combien il est dangereux d'habiter trop promptement une maison nouvellement bâtie et un appartement fraîchement restauré ; on cite une infinité d'exemples de personnes qui ont contracté des infirmités pour avoir couché dans des chambres nouvellement enduites de chaux, plâtrées, peintes et vernissées. »

CHAPITRE QUINZIÈME

Conseils d'hygiènes relatifs aux maisons d'habitations

Lorsque vous faites bâtir une maison d'habitation, tournez vers le levant, si c'est possible, les chambres que vous voulez habiter, et placez les bâtiments d'exploitation sur les derrières ou par les côtés, à quelques mètres de distance, pour que, d'une part, ils soient moins exposés aux incendies et que, de l'autre, les odeurs des étables, écuries, bergeries, poulaillers et toits à porcs, ne viennent pas infecter vos appartements.

Les murs doivent être construits en bons matériaux qui n'absorbent point l'humidité. Et si l'aire du rez-de-chaussée ne repose pas sur les caves, il faut l'élever de quelques centimètres plus haut que le sol extérieur et faire reposer le plancher ou le carrelage sur un lit battu de pierres, de mâchefer, de sable, de charbon de bois ou de tuiles pilées, car les eaux qui coulent au-dessous du sol y entretiendraient l'humidité. Toute résidence dans les rez-de-chaussée au-dessous du niveau du sol extérieur est malsaine. Raspail propose le moyen suivant pour assainir la partie inférieure des habitations :

« Commencez, dit-il, par les fondations, car c'est des fondations que l'humidité monte au premier étage ; en conséquence, faites chauffer vos moellons et vos pierres de taille dans un feu modéré, et arrosez-les aussitôt de subtances grasses à bas prix ou de mauvais bitumes pour cimenter ; employez ce mélange avec de la chaux vive jusqu'à la hauteur de 30 à 40 centimètres au-dessus du sol ; jonchez l'aire intérieure d'une couche de cailloutis pétris avec du bitume, puis mettez ensuite une seconde couche de mâchefer et de débris de charbon, et étendez par-dessus vos briques vernissées. Vos murs, une fois crépis et secs, chauffez-les encore et imprégnez-les d'huile siccative, de résine bouillante et d'un mélange de neuf parties d'essence de térébenthine et d'une partie de cire jaune étendue avec le pinceau, de manière que tout le mélange pénètre dans le plâtre. Peignez ou tapissez par-dessus avec du papier ; votre rez-de-chaussée sera dès ce moment aussi sec qu'un troisième étage, pourvu que vos fenêtres soient amples, nombreuses et bien exposées. »

A côté de ces deux procédés, nous indiquerons encore le suivant, qui n'est pas trop coûteux, et qui peut s'appliquer facilement dans les rez-de-chaussée des constructions anciennes. Voici en quoi il consiste : 1° on fait un carrelage solide et exactement nivelé et joint ; 2° on étend sur ce carrelage une plaque de zinc plus ou moins épaisse ; 3° cette plaque doit couvrir tout le carrelage sans interruption et déborder de trois à quatre centimètres dans une rainure horizon-tale tout autour de la pièce. Cette rainure est indispensable, à cause que le zinc se retire ou s'allonge suivant la température ; 4° la plaque ne sera fixée qu'à l'endroit où se coupent les diagonales de la pièce, c'est-à-dire au point de croisement des lignes droites transversales me-nées d'angle en angle ; 5° sur cette plaque de zinc, posez immédiatement votre plancher gou-dronné en dessous ; 6° appliquez contre les murs jusqu'à la hauteur du plancher supérieur du premier étage d'autres feuilles de zinc que l'on peut tapisser ou peindre.

Pour empêcher à l'humidité du sol de s'élever,

on peut encore employer utilement le bitume que l'on dit excellent pour cet effet.

Les planchers supérieurs des appartements où l'on reste longtemps doivent être élevés de trois à quatre mètres, parce que dans un appartement bas, l'air vicié tend toujours à s'élever, par l'effet de la chaleur dont il s'imprègne, à la hauteur de notre bouche et de notre nez; tandis que dans un appartement élevé, la couche d'air la plus viciée se trouve au-dessus de notre tête.

Ne faites pas les alcoves de vos chambres à coucher trop profondes, parce que l'air ne peut s'y renouveler, et que, d'autre part, elles deviennent le repaire de tous les insectes ennemis de notre repos.

Les murs des cuisines, des chambres à coucher, des étables, etc., blanchis à la chaux ou au plâtre doivent être reblanchis tous les deux ou trois ans au lait de chaux pour les assainir et pour qu'ils reverbèrent mieux la lumière du soleil et celle des flambeaux. Il faut avoir soin de nettoyer souvent les étables, les écuries, les bergeries, les poulaillers et les toits à porcs, et n'y pas laisser le fumier en tas dans quelque coin, car il s'échauffe et les exhalaisons qui s'en dégagent nuisent extrêmement aux bestiaux qui s'en trouvent près.

N'entassez pas non plus votre fumier dans la

cour, mais portez le dehors et au nord s'il est possible de vos bâtiments d'exploitation et à une certaine distance. Mais, malheureusement, c'est dans la cour, devant la maison même, quelquefois sous la fenêtre de la cuisine ou tout près de la porte d'entrée, que la plupart des habitants de la campagne creusent leur fosse à fumier, et là viennent s'agglomérer, pourrir et fermenter, les urines et les excréments des hommes et des animaux, avec les eaux grasses et les débris de la cuisine qu'on y jette. De ce réceptacle, s'élèvent des exhalaisons fétides qui sont chassées par le moindre vent dans la cuisine et dans les autres appartements où elles sont respirées à pleine poitrine par les hommes, les femmes et les enfants. Cette cause permanente d'infection produit des fièvres intermittentes, des langueurs d'estomac et des maladies chrcniques; si, au contraire, on rapporte le fumier plus loin, sous un autre vent, on est quelquefois surpris de voir les affections morbifiques disparaître tout à coup avec les causes d'insalubrités qui les engendrent.

Il faut aussi nettoyer souvent les puits et les fossés qui entourent les bâtiments et les jardins, couper les joncs des marais et désobstruer les ruisseaux pour que les eaux ne se corrompent pas.

CHAPITRE SEIZIÈME

—

La manière d'entretenir le mobilier dans un bon état de propreté

Nous n'indiquerons ici que les soins qui sont d'une pratique facile et qui tendent spécialement à conserver les objets meublant un appartement.

Appartements et meubles en général

Pour tenir les appartements en bon état de salubrité et ne pas laisser les murs, les tentures, les rideaux, les tapis, les fauteuils et les autres meubles s'imbiber et s'imprégner d'humidité, d'odeurs fétides, de crasse et de poussière, il faut les balayer, les araigner, les fotter, battre les étoffes de temps en temps, et ouvrir les croisées tous les matins lorsqu'il fait beau et les fermer avant la nuit.

Meubles de menuiserie

Les meubles de chêne, d'orme, de noyer, de hêtre, de frêne, de chataignier, de pin et de sapin, se trouvent ordinairement dans la cuisine. Ils sont plus exposés que tous les autres à être tachés de graisse, d'huile et à d'autres accidents. Ceux qui servent à la cuisine ne sont jamais frottés. Il ne faut donc, pour les tenir propres, que les racler et les laver.

Les meubles qui sont dans la salle à manger et dans l'antichambre, ne sont ordinairement entretenus qu'à la cire ; quand ils sont devenus malpropres, on les fait racler, et pour les unir, on les frotte à la pierre-ponce, en humectant celle-ci d'huile. Cette opération faite, après qu'ils ont été bien séchés, on y passe un léger enduit de cire jaune fondue, qu'on étend avec une brosse, et on les entretient fort longtemps dans un état de propreté en les frottant habituellement avec un morceau de drap.

Boiseries

Les boiseries peintes à la détrempe, et qui sont tachées, ne peuvent pas se nettoyer, à moins cependant qu'elles ne soient vernies. Si elles sont dans ce cas, il faut ôter légèrement ce vernis, qui seul peut être taché, avec une brosse douce faiblement imprégnée d'eau seconde coupée au 2e d'eau de fontaine. Lorsque cette opération est faite et la détrempe bien sèche, on la revêt d'un vernis qui est le même que celui qui sert à la peinture à l'huile.

Les boiseries peintes à l'huile se nettoient facilement si elles ne sont pas revêtues de vernis en les frottant avec une brosse trempée dans de l'urine fraîche. Si elles ont été vernies, de l'eau seconde suffit pour emporter le vernis, qui seul est empreint de fumée et de taches ; on peut alors les revernir en employant pour étendre le vernis une brosse appropriée à cet usage, et qu'on trouve sous le nom de queue de morue, chez tous les marchands de couleurs.

Meubles en placages

Les anciens meubles de placages s'entretiennent en les frottant simplement avec un morceau de drap propre ; s'ils sont trop tachés, on peut les racler avec un instrument doux, ou plutôt encore les frotter avec la pierre-ponce humectée d'huile, ou même les nettoyer avec le papier de verre, et ensuite leur redonner un lustre ou luisant, avec un morceau de drap légèrement imprégné de cire jaune. Ces meubles, étant épais de placage, n'étant pas aussi légers que ceux faits depuis quelques années, résistent longtemps à cette opération.

Mais les placages des meubles d'aujourd'hui étant moins épais que ceux d'autrefois, doivent être traités avec plus de ménagement en les nettoyant.

Voici comment il faut procéder s'ils sont vernis :

Il faut d'abord ôter le vernis avec du coton imprégné d'essence maigre de térébenthine, et, lorsqu'il ne vient plus de vernis, ne frottez pas plus avant sous peine de voir à découvert la charpente de votre meuble. Vernissez ensuite avec le vernis, dit de meubles plaqués, en frottant en cercle et longtemps.

Accidents des meubles fermants et à tiroirs

La variation du temps suffit pour qu'un meuble cesse de s'ouvrir avec facilité ; cela dépend souvent du renflement du bois. On remédie à ce léger accident, en frottant les côtés internes et externes avec du savon.

Souvent aussi les serrures ou la clé ne vont pas bien ; dans ce cas, un peu de suif mis à la garde de la clé suffit. Il arrive aussi quelquefois que l'intérieur d'une serrure ait besoin d'être nettoyé; si les vis sont visibles à l'intérieur, rien n'est plus facile que de la lever et d'en nettoyer les ressorts.

Canapés, fauteuils, chaises, etc.

Les meubles recouverts d'étoffes ont besoin d'être souvent battus, non-seulement par propreté, mais pour en chasser les insectes qui les dévorent et qui souvent y pullulent.

Ils sont sujets aux taches faites par des corps gras, de la cire, de l'encre, etc. Les taches de graisse s'enlèvent en frottant l'étoffe avec de l'eau de savon, qu'on renouvelle si elles ne cèdent pas du premier coup.

La cire s'enlève en l'attirant, par la présence d'un fer chaud, sur un morceau de papier brouillard qu'on interpose entre le fer et l'étoffe. On peut prendre un fer très-chaud, mais alors ne pas trop l'approcher de peur de roussir l'étoffe. On peut encore enlever la cire en frottant la tache avec un peu d'esprit de vin ou d'eau de Cologne chauffée.

La tache d'encre s'enlève, si elle est nouvelle, par un léger mouillage, sur la tache même, avec un peu de sel d'oseille dissous dans de l'eau chaude. On renouvelle ce moyen s'il ne réussit pas du premier coup.

Autre recette

Pour le dégraissage de toutes sortes d'étoffes, drap et bonnet de soie.

Prenez à peu près un demi litre d'eau tiède, ajoutez-y une cuillerée à bouche d'alcali volatil, vous remuez ensemble les deux liquides, ensuite vous trempez l'objet à dégraisser, vous le frottez comme si vous vouliez laver un mouchoir, vous le rafraîchissez ensuite dans deux eaux bien propres et votre objet est neuf.

Pour lustrer les meubles

Prenez quatre décagrammes de cire jaune, vous la couperez par petits morceaux et vous les mettrez dans quatre décagrammes d'essence de térébenthine ; une fois les deux objets fondus, vous frotterez bien avec un linge vos meubles, et ils seront aussi bien vernis que s'ils avaient été vernis au tampon.

Cuivres

Les cuivres dorés se nettoient en les frottant légèrement avec une eau dans laquelle on a fait dissoudre, en très-petite quantité, du blanc d'Espagne, de manière à ce que l'eau n'en soit que teinte.

Les cuivres non dorés, mais qui sont sales, se nettoient avec du charbon pilé délayé dans de l'huile ; et, pour leur redonner le brillant qu'ils doivent avoir, on les frotte avec du tripoli fin étendu sur une peau de buffle ou sur toute autre peau.

Autre procédé pour décrasser le cuivre

Il faut faire bouillir dans un petit chaudron une certaine quantité de tartre, selon l'importance de l'objet à décrasser, une fois le tartre fondu, vous frottez avec une étoffe et votre cuivre devient luisant comme s'il était neuf.

Vernis d'or anglais, pour vernir les chandeliers en cuivre et leur donner une couleur d'or

Prenez dix onces d'esprit de vin, un quart d'once sandaraque et un quart d'once curcuma ;

Un quart d'once terre rouge ;

Un quart d'once gomme laque ;

Un gros sang de dragon ;

Un gros safran pilé ;

Un quart d'once gomme gutte.

Tout cela est très-facile et très-connu. On peut s'en procurer chez tous les droguistes ou pharmaciens ; tous ces objets vous les pilerez bien, et vous les mettrez dans les dix onces d'esprit de vin, et vous les laisserez tremper dans la bouteille vingt-quatre heures. Après, faites bouillir cinq à six minutes au bain-marie ; vous les laisserez déposer une nuit, et vous pourrez dorer vos chandeliers.

Fers polis et aciers

On entretient et préserve de la rouille les objets en fer ou en acier, en les frottant avec du papier à l'émeri, humecté d'huile.

Si l'objet sur lequel on fait cette opération est non-seulement terni, rouillé, il ne faut espérer de faire revenir le poli sur la tache de rouille, rien ne peut plus l'ôter ; c'est pourquoi on doit pratiquer souvent, et dans les temps humides surtout, le frottement indiqué ci-dessus.

Serrures et clés

Si l'on veut que les serrures et les clés jouent toujours bien et durent longtemps, il faut avoir soin de les huiler avec de l'huile d'olive ou avec de l'huile de noix tous les deux ou trois mois.

Poëles

Huilez ou engraissez tous les printemps vos poëles et les tuyaux qui leur servent lorsque

vous cessez de vous en servir, pour qu'ils ne
s'oxident (rouillent) point pendant l'été.

Glaces et vitres

Pour nettoyer les glaces et les vitres, il suffit
de les frotter avec de l'eau teinte avec du blanc
d'Espagne qu'on y aura fait dissoudre. Il y a
beaucoup d'autres moyens, mais tous sont dangereux, et il serait inutile de les donner, celui-
ci étant le plus simple et remplissant le but
qu'on se propose. Ce même moyen est applicable
à l'argenterie et au plaqué d'argent.

Cadres dorés

Les baguettes dorées des cadres de glaces et
de tableaux se nettoient bien, en jetant dessus
et à plusieurs reprises de l'eau ; il faut bien se
garder de les frotter, soit avec l'éponge, soit
avec un linge quelque fin qu'il soit, on en en-
lèverait la feuille dorée. Si l'on avait des bordures d'une petite dimension, on pourrait les
faire tremper dans un vase d'une grandeur
propre à les contenir, et l'opération serait mieux
faite et plus facile.

Il faut cesser l'opération lorsque l'eau, après

avoir glissé sur la baguette dorée, en sort limpide.

Tableaux sur place

Nous donnons ce nom aux tableaux qui, faits
par des artistes, et non par des ouvriers, sont
plus solidement peints que dans la pratique ha-
bituelle de l'art.

On peut sans danger suivre la méthode suivante pour les nettoyer :

Il faut en ôter le vernis en empreignant les
doigts de cendre et frottant circulairement, le
vernis s'enlève, et l'on continue alors sur toute
la surface du tableau, qui doit être bien blanc
et limpide. Pour vernir on se sert de la brosse
plate, appelée queue de morue.

Ce moyen est souvent appliqué aux tableaux
précieux ; mais, comme il exige de l'habitude
et des précautions, nous engageons leurs pos-
seurs à ne pas l'employer, non plus que tout
autre, parce que, par une économie mal en-
tendue, et n'ayant pas les connaissances nécessaires, ils risqueraient de perdre les chefs-
d'œuvre dont ils ne sont que les dépositaires
et qui appartiennent à leur postérité.

Autre procédé

Prenez de l'huile d'olive, après que vous aurez bien nettoyé la toile de votre tableau avec un linge, prenez avec une brosse souple de cette huile et imbibez bien la toile peinte par une bonne couche afin qu'il ramollisse bien la crasse qu'il peut y avoir et vous le laisserez toute une nuit comme cela ; ensuite, le lendemain, vous prendrez du savon noir en pâte chez les droguistes, et vous en prendrez un peu sur la brosse et vous l'étendrez comme si c'était de la graisse sur le tableau ; et une fois cette décoction passée, vous ferez à peu près un quart de livre de cendres de sarment bien tamisées, avec un plat d'eau tiède à côté de vous, vous trempez votre brosse dans l'eau, et vous prendrez de la cendre avec la brosse et vous frotterez fortement le tableau, ayant soin de prendre souvent de l'eau et de la cendre ; une fois bien brossé avec l'eau et la cendre, vous appropriez bien votre tableau avec de l'eau fraîche jusqu'à ce que la toile rende bien l'eau propre ; vous laisserez ensuite sécher votre tableau. Une fois bien sec, vous passerez du vernis à votre tableau et il sera pur neuf.

Manière de nettoyer les gravures sur papier

Prenez un kilogramme de chlorure de chaux, vous mettrez cinq litres d'eau et vous remuez bien les deux objets ensemble, vous laisserez ensuite reposer l'eau chlorurée et vous transvasez ensuite les deux liquides dans un seau ou dans un plat, et ensuite vous vous en servez de la manière ci-après : Vous mettrez tremper votre gravure dans l'eau chlorurée, plus ou moins, selon qu'elle est sale, et ensuite vous la remplacez par l'eau propre et vous ferez bien égoutter l'eau, et une fois votre gravure bien sèche, vous l'étendez sur une serviette bien propre et vous la collez en dessous, si vous voulez la remettre sur un papier neuf.

Peinture à l'encaustique

Il peut être utile, et il est économique, de faire ou faire faire chez soi cette peinture qui est appropriée aux carreaux des chambres et aux parquets.

Avant de procéder et d'étendre sur le plancher la mixtion suivante qui constitue la peinture encaustique, il est de toute nécessité qu'il soit bien lavé et nettoyé.

On fait infuser dans de l'eau bouillante une quantité égale de gros rouge et de colle de Flandre ; on étend cette première couche qui sèche en vingt-quatre heures. La seconde couche se compose de rouge fin, broyé à l'huile et mélangé de litharge ; on l'étend par l'huile de lin ; cette seconde couche doit être sèche le troisième jour. Enfin, la troisième couche se compose de colle de Flandre, en double partie sur une de rouge fin, qu'on fait bouillir et qu'on étend chaud sur le plancher. C'est cette dernière couche qui prend le nom d'encaustique. Il faut frotter le lendemain du jour où elle a été posée, parce que plus tard elle serait trop dure.

Lampes et quinquets

Souvent les quinquets donnent peu de lumière par la mauvaise qualité de l'huile dont on se sert. Il arrive aussi quelquefois que les huiles s'épaississant, obstruent les conduits, et que les lampes, sans avoir cependant besoin de réparation, ne marchent plus ; dans cet état, elles ne sont que sales et pour les nettoyer il suffit de faire bouillir de la potasse dans de l'eau, et de verser cette eau par le conduit dans lequel on introduit habituellement l'huile. En laissant un jour ou deux cette espèce de lessive dans les conduits des lampes, elle détachera les huiles grasses qui les obstruent en se combinant avec elles, et les lampes se trouveront nettoyées.

On épure l'huile à quinquet en prenant, pour 14 livres de cette huile, 45 grains d'acide sulfurique et le double du volume d'eau pure : on agite le tout, et l'huile débarrassée de substances étrangères, vient à la surface de l'eau, étant plus légère. On la décante et on s'en sert pour les lampes. Elle donne une flamme vive et pure, et ne répand aucune mauvaise odeur.

CHAPITRE DIXSEPTIÈME

—

De l'art de toiser les principaux ouvrages de maçonnerie, de charpenterie, de menuiserie et de terrassement.

Le toisé a trois dimensions : longueur, largeur et hauteur ou profondeur. En d'autres termes, le toisé a trois genres de figures : les lignes, les surfaces planes et les corps solides.

Le toisé des lignes se fait en appliquant la mesure que l'on veut avoir sur toute la longueur de la ligne autant de fois qu'elle peut la contenir sans faire attention à sa largeur.

Le toisé des surfaces ou toisé carré se fait par deux dimensions, longueur et largeur, ainsi, pour avoir le toisé d'un mur, d'un plancher, d'un lambris, d'un carrelage, d'une terrasse, etc., on multiplie la longueur par la largeur ou hau-

teur et l'on obtient le produit, en mètres, décimètres, centimètres carrés ; quand on fait
travailler à la toise carrée, on obtient des toises,
des pieds, des pouces carrés.

La toise carrée contient 4 mètres carrés, car
la toise vaut 36 pieds carrés et le mètre n'en
vaut que 9.

Le toisé des corps solides se fait en multipliant
la longueur par la largeur, ensuite par l'épaisseur du corps. Exemple : Un mur haut de 55
pieds de long sur 9 de haut renferme 495 pieds
carrés ; s'il a 2 pieds d'épaisseur, il faut multiplier cette surface par 2, et l'on aura 990 pieds
cubes.

La toise cube a 6 pieds de large, 6 pieds de
long et 6 pieds de hauteur ou profondeur. Le
mètre cube a 3 pieds de large, 3 pieds de long
et 3 pieds de hauteur.

La toise cube vaut 8 mètres cubes ; donc,
lorsqu'on voudra savoir combien tant de pieds
carrés donnés font de toises où de mètres
carrés, il faudra diviser par 36 pour avoir des
toises carrées, et par 9 pour avoir des mètres
carrés.

Pour savoir combien tant de pieds cubes
donnés contiennent de toises ou de mètres
cubes, il faut diviser par 27 pour avoir les
mètres et par 216 pour avoir les toises cubes.

parce que le mètre cube vaut 27 pieds cubes et la toise 216.

Pour avoir la surface d'un cercle, l'on multiplie la circonférence, c'est-à-dire le tour du cercle par le quart du diamètre. Le diamétre est la ligne droite qui traverse le cercle en passant par le centre.

Pour avoir la surface d'un cylindre, tel qu'est une colonne, l'on multiplie la circonférence du cercle qui lui tient lieu de base par la hauteur même du cylindre.

Pour avoir la surface d'un cône, tel qu'un pain de sucre, l'on multiplie la circonférence du cercle qui lui tient lieu de base par la moitié de la hauteur du cône.

Pour avoir la surface d'une sphère, c'est-à-dire d'un globe ou boule, l'on multiplie la circonférence d'un de ces grands cercles par le diamètre de cette sphère.

Pour avoir la solidité d'un cube régulier, l'on multiplie, comme nous l'avons dit plus haut, les trois dimensions : hauteur, largeur et longueur, les unes par les autres.

Pour avoir la solidité d'un cylindre, l'on multiplie sa hauteur par la surface du cercle qui lui sert de base. L'on suit le même procédé pour tout autre corps dont le volume est uniforme dans toute sa hauteur, c'est-à-dire que l'on multiplie cette hauteur par la surface de quelque figure qu'elle soit qui lui tient lieu de base.

Pour avoir la solidité d'un cône, l'on multiplie la surface de sa base par le tiers de sa hauteur. Enfin, pour avoir la solidité d'une sphère, l'on multiplie sa surface par la sixième partie de son diamètre.

Du toisé carré

Le toisé carré, comme on l'a vu plus haut, se fait par deux dimensions, longueur et largeur ; ainsi, pour avoir la surface d'un carré quelconque, l'on multiplie la longueur par la largeur, et l'on obtient des toises carrées ou des mètres carrés selon la mesure dont on se sert.

Métré d'un mur

On veut avoir le métré d'un mur de 45 mètres de longueur sur 12 mètres de hauteur. Combien cette surface contient-elle de mètres carrés ?

Multipliez les 45 mètres de longueur par les 12 de hauteur

$$
\begin{array}{r}
90 \\
45 \\
\hline
540
\end{array}
$$

Je trouve cinq cents quarante mètres carrés
pour la superficie de ce mur.

Métré d'une façade de bâtiment

On veut avoir le toisé d'une façade de maison
de 15 mètres 12 centimètres de longueur, sur
11 mètres 50 centimètres de hauteur.

$$
\begin{array}{r}
15 \text{ m. } 12 \text{ centimètres} \\
11 \qquad 50 \\
\hline
75600 \\
1512 \\
1512 \\
\hline
173 \ 8800
\end{array}
$$

La superficie de cette façade de maison est
donc de cent soixante - treize mètres quatre-
vingt-huit décimètres.

Métré d'un plancher

On demande combien un plancher de 6 mètres
150 millimètres de long, sur 4 mètres 125 millimètres de largeur contient de mètres, décimètres, centimètres et millimètres carrés.

$$
\begin{array}{r}
6 \text{ m. } 150 \text{ millim.} \\
4 \qquad 125 \\
\hline
\end{array}
$$

Je fais la même opération que ci-dessus et je trouve que la surface de ce plancher est de 25 mètres 36 décimètres 87 centimètres et 50 millimètres carrés.

Métré d'un lambris

Quelle est la superficie d'un lambris de 12 mètres 25 centimètres de hauteur, sur 22 mètres 18 centimètres de longueur ?

12 m. 25 cent.

22   18
____

J'opère comme dans le premier exemple et je trouve pour résultat 271 mètres 00 décimètres et 50 centimètres carrés.

Métré d'un parquet

On demande combien un parquet de 8 mètres 25 centimètres de longueur, sur 5 mètres 15 centimètres de largeur, contient de mètres, décimètres, centimètres carrés.

Je multiple 8 mètres 25 centimètres

par 5   19
____

Je trouve pour résultat que le toisé de ce parquet est de 42 mètres 48 décimètres et 75 centimètres carrés.

Métré d'ouvrage de plâtrerie, de peinture, etc.

Le crépissage, les plafonds', la peinture à l'huile ou à la détrempe, les badigeons, les couvertures en tuiles ou en ardoise, se paient à la toise ou au mètre carré ; il faut, comme dans les exemples précédents, multiplier les longueurs par les largeurs, pour savoir combien on doit à chacun des ouvriers avec lesquels on est convenu à tant la toise ou le mètre carré.

Pour les croupes ou pignons triangulaires, dont on veut connaître la surface, il faut multiplier la base ou le bord du toit par la moitié de la hauteur de ce pignon ou croupe, c'est-à-dire par moitié de la distance qui existe entre le bord du toit et la frette.

Ainsi pour trouver la surface d'une toiture dont les côtés parallèles sont de 18 mètres et de 12, et la hauteur de 10 mètres, on prendra la moitié de la somme des deux côtés parallèles, que l'on multipliera par la hauteur de la perpendiculaire en pente et on aura la surface.

$$
\begin{array}{ll}
1^{er}\ \text{côté} & 18 \\
2^{e}\ \text{côté} & 12 \\
\hline
\text{Total}\ldots & 30 \text{ dont la moitié est } 15
\end{array}
$$

Multipliez cette moitié 15
par la hauteur 10

$$
\overline{150 \text{ mètres.}}
$$

La surface de cette toiture est donc de cent cinquante mètres.

Si par exemple on demande combien il faut d'ardoises pour couvrir ce toit, il suffit de savoir qu'il en faut 43 pour chaque mètre superficiel en supposant que l'ardoise aurait 7 pouces et 1/2 de large, sur 4 pouces de pureau, et pour une toise superficielle 175, et pour la totalité de toit, en mètres 6,450 ardoises.

Construction d'un mur

On demande combien il faudrait de mètres cubes de pierres pour construire un mur de 5 mètres 15 centimètres de hauteur, 0,8 décimètres d'épaisseur et 152 mètres 15 centimètres de long.

Pour faire cette opération, il faut multiplier 5 mètres 15 centimètres de hauteur par 0,8, on aura 41 mètres 20 décimètres que l'on multipliera par la longueur qui est de 152 mètres 15 centimètres.

Multipliez 5 mètres 15 cent.

0   8 décimètres

Multipliez ce produit 41   20

par 1   52 mètres 15 cent.

et vous aurez 626 mètres cubes 858 décimètres

cubes. Le sable et la chaux sont compris dans cette évaluation.

Carrelage d'une salle

On demande combien il faut de carreaux de 16 centimètres et à 6 pans pour carreler une salle de 8 mètres 666 millimètres de longueur, sur 6 mètres 333 millimètres de largeur, chaque carreau contenant en superficie 31 centimètres.

Pour avoir le nombre demandé, on multipliera la longueur par la largeur de la salle, le produit donnera le nombre de mètres, décimètres, centimètres et millimètres carrés.

Multipliez 5 m. 15 cent.

0   8 décim.

Et vous aurez un produit de 54 mètres 88 décimètres 17 centimètres et 87 millimètres carrés. Il faut par chaque mètre environ 45 carreaux pour la totalité de la superficie.

Construction d'une cave

On veut faire construire une cave de 12 mètres de long, 15 mètres de large et 11 de profondeur, qu'elle est la quantité de mètres cubes de terre qu'il faut enlever ? Je multiplie la longueur par la largeur pour obtenir mon premier produit, ensuite je multiplie ce produit par la profondeur et j'obtiens pour résultat 1,980 mètres cubes.

Autre exemple sur le même sujet

On veut faire construire une cave de 40 pieds de largeur, 20 pieds de profondeur et 50 de longueur. Quelle est la quantité de toises cubes de terre qu'il faut enlever pour la dite cons-truction? Pour faire cette opération, je multiplie la largeur par la profondeur et j'obtiens 800 pieds de superficie, que je multiplie ensuite par la longueur 50 pieds, et j'obtiens 4,000 pieds cubes que je divise par 218 pieds, et je trouve pour résultat 189 toises cubes et 40 pieds cubes de terre à enlever.

Construction d'un bassin

On veut construire un bassin circulaire et per-pendiculaire, afin de recevoir les eaux pluviales pour abreuver les bestiaux. Le diamètre est de 40 mètres 666 millimètres; la profondeur de 3 mètres 333 millimètres. On demande quelle est la quantité de terre qu'il faut enlever pour la construction de ce bassin? Pour faire cette opération, on prendra la moitié du diamètre que l'on multipliera par elle-même; ensuite on

multipliera ce produit par 3 1/7ᵉ, enfin on multiplie ce dernier produit par la profondeur, et
l'on trouvera les mètres, décimètres, centimètres
et millimètres cubes de terre qu'il faut enlever.

Cubage d'un fossé

On demande le cube de terre d'un fossé per-
pendiculaire qui a 300 pieds de longueur, 6 de
largeur et 5 de profondeur. Pour faire cette
opération, on multipliera la longueur par la largeur ensuite par la profondeur. On divisera ensuite ce produit par 216, qui est, comme on a vu
plus haut, le nombre de pieds que contient une
toise cube.

Autre exemple sur le même sujet

Un fossé a 48 toises de longueur sur une de
largeur, de 3 pieds 10 pouces à l'ouverture, la
largeur au fond est de 1 pied 8 pouces et la
profondeur de 2 pieds 6 pouces. On demande
combien il contient de toises cubes? Pour avoir
le cube, j'additionne les deux largeurs ensemble
et j'ai 5 pieds 6 pouces dont je prends la moitié
qui est de 2 pieds 9 pouces; je réduis ensuite les
trois dimensions en pouces, et je dis : 40 toises
donnent 3,456 pouces, que je multiplie par 36
pouces, produit de mes deux largeurs, et j'ai

114,048 pouces qui, multipliés par la profondeur de 30 pouces, donnent 3,421,440 pouces, produit des trois dimensions; je les divise ensuite par 1,728 qui est le nombre de pouces cubes que contient un pied cube; je divise enfin ce quotient par 216, et j'obtiens 9 toises cubes et 36 pouces cubes.

Voilà la marche à suivre pour trouver la cubature et la quantité de terre qu'il faut enlever des fondations et des fossés; mais, quand il s'agit de niveler, de déblayer ou d'aplanir une place quelconque dont le terrain est inégal, on a recours à une opération un peu plus difficile que pour le cubage ordinaire.

Manière de cuber un terrassement

Si les ouvriers terrassiers ne travaillent pas à la journée ou n'ont pas pris l'ouvrage en bloc et à prix fait, mais bien à tant la toise ou le mètre cube, ils doivent avoir soin, en déblayant, de réserver des colonnes ou coins de terre dont le sommet et la hauteur indiquent l'ancien niveau et parconséquent l'épaisseur de la terre qui a été enlevée aux différentes places. Maintenant, quand il s'agit de faire le compte des ouvriers, on multiplie la longueur de la place déblayée par sa largeur, et, quand on a ce premier produit qui n'est que la surface, on trouve l'épaisseur moyenne du terrain enlevé en additionnant la hauteur de tous les témoins et en divisant ce total par le nombre des témoins réservés. Le produit de cette division sert à multiplier la surface et donne le cube de la terre enlevée.

Exemple. — On a nivelé un terrain qui a 25 mètres de long et 14 de large; 14 multipliant 25 donnent 350 mètres carrés. Les terrassiers ont laissé huit témoins dont la hauteur est savoir :

Le premier............	0 m.	50
Le deuxième..........	0	25
Le troisième..........	0	75
Le quatrième..........	1	10
Le cinquième..........	1	40
Le sixième	2	10
Le septième	2	00
Le huitième	2	50
Total............	10 m.	60

Ce total 10,60 divisé par 8 donne pour hauteur moyenne 1 mètre 32 centimètres, et c'est par ce nombre qu'il faut multiplier la surface 350, ce qui donne pour produit 462 mètres cubes qui, à raison, je le suppose, de 0, 25 centimes le mètre cube, feraient un total de 115 francs 50 centimes.

Manière de cuber un bloc de pierre

Un bloc de pierre de 1 mètre 155 millimètres de longueur, 1 mètre 50 millimètres de largeur et 1 mètre 25 millimètres d'épaisseur, combien contient-il de mètres et millimètres cubes? Pour faire cette opération, je multiplie les trois dimensions les unes par les autres, et je trouve que ce bloc de pierre a 2 mètres 16 décimètres 56 centimètres et 250 millimètres cubes.

Manière de toiser les planches

Si les planches dont vous voulez avoir la surface ont un nombre complet de mètres en longueur et en largeur, en multipliant vos deux dimensions l'une par l'autre, le produit vous donnera le nombre de mètres que contient la surface de ces mêmes planches.

Si la longueur seulement s'exprime en mètres et la largeur en millimètres, multipliez les mètres par les millimètres et vous obtiendrez le résultat ou produit de mètres et millimètres de superficie.

Exemple. — Soit une planche de 3 mètres 333 millimètres de longueur sur 0, 666 millimètres de largeur. Je multiplie ces deux nombres l'un par l'autre, et j'obtiens pour produit mètres 21 décimètres et 78 millimètres carrés.

Manière de mesurer les arbres

Comme les arbres ne sont pas des cylindres parfaits, on a adopté dans le commerce une méthode approximative pour évaluer leur volume.

Cette méthode consiste à déduire le sixième ou le cinquième de la circonférence pour les bois en grume et à prendre le quart de la circonférence.

Exemple. — On a mesuré un arbre à son milieu pour en avoir le pourtour ; on a trouvé 36 décimètres de circonférence. La longueur de cet arbre est 10 mètres. On en demande le volume.

Prenez le sixième de la circonférence pour l'en déduire ; prenez le quart du reste, multipliez ce quart par lui-même et le résultat par la longueur de l'arbre.

OPÉRATION. — Pourtour 36 décimètres
sixième 6
____
reste 30
le quart est de 7
multipliés par 7
____
49

L'arbre aura pour volume 4,900 décimètres cubes ou 4 stères 9 décistères.

NOTA. — Dans ces sortes de calculs on néglige les fractions.

CHAPITRE DIXHUITIÈME

—

Des devis et marchés

On entend par devis d'un bâtiment la description qu'on en fait, la mesure des pièces qui le composent et le prix qu'il en coûtera pour la maçonnerie, la charpenterie, la menuiserie, la plâtrerie, la serrurerie, la vitrerie, en un mot tout ce qui est nécessaire pour le terminer et le rendre habitable. Les devis sont très utiles et souvent même nécessaires, afin de pouvoir composer la dépense qu'on est obligé de faire avec les ressources que l'on a.

Quand les devis sont faits par des hommes instruits et consciencieux, ou peut espérer qu'il y aura peu de différence entre la dépense présumée et la dépense réelle; mais il arrive assez souvent qu'on est induit en erreur par ceux qui font les devis et qui, par ignorance ou mauvaise foi, ne font connaître qu'une partie de la dépense, en sorte que dans l'exécution elle est beaucoup plus forte qu'on ne l'avait présumé, ce qui met souvent dans le plus grand embarras, surtout quand il s'agit d'édifices publics. Il est donc essentiel d'y regarder de près, de consulter des personnes de confiance qui s'y connaissent et qui ne soient pas intéressées à l'exécution du devis. Il est à propos même de consulter plusieurs ouvriers sur les prix indiqués au devis, pour s'assurer qu'ils ne sont pas exagérés ou trop faibles.

Les devis sont en particulier pour chaque espèce d'ouvrage qui doit faire partie de la construction d'un bâtiment, comme de la maçonnerie, de la charpenterie, de la couverture, etc. Ou ils sont généraux, c'est-à-dire qu'ils comprennent tous les travaux qu'il y a à faire dans un bâtiment pour le terminer, comme quand l'entrepreneur fait marché de rendre le bâtiment pour le terminer la clé à la main. Ainsi, un devis général doit être composé de tous les devis particuliers de chaque espèce d'ouvrage. Dans l'un et dans l'autre cas, il faut bien expliquer toutes les circonstances qui doivent faire la bonne qualité et la façon de chaque ouvrage; car, si l'on omettait quelque chose d'essentiel ou que l'on ne s'expliquât pas assez nettement, cela ferait des équivoques qui pourraient faire naître quelque procès.

Le meilleur mode de rédaction d'un devis, c'est d'établir un prix particulier pour chaque espèce d'ouvrage, comme gros murs, murs de refend, cloisons, planchers, couvertures, etc., et de les évaluer à la toise ou au mètre carré, tant pleins que vides. Les ouvrages qui ont beaucoup de longueur et peu de hauteur se mesurent au mètre ou à la toise courante.

Les ouvrages de menuiserie se font au pied ou au mètre courant ou à la pièce, et les escaliers à tant la marche. Quand le propriétaire fournit lui-même les matériaux, alors il n'a à stipuler avec l'entrepreneur que la main d'œuvre, ce qu'ils doivent faire avec clarté et précision, afin qu'il ne puisse s'élever entre eux aucune discussion.

Pour la fouille des fondations, le prix doit être réglé d'après leur profondeur et le transport plus ou moins éloigné des déblais qu'on exige.

Passant ensuite à la maçonnerie, on établira la qualité des matériaux à employer, on désignera la ou les carrières d'où ils devront être tirés, les compositions des mortiers, des ciments et mastics ; enfin la manière dont les murs, voûtes et autres ouvrages seront construits. On déterminera exactement les dimensions de ces ouvrages, afin de les réduire à la toise ou au mètre carré, en distinguant les murs de moellons, ceux de briques crues et ceux de briques cuites, vieilles ou mêlées, et, dans ce cas, la proportion du mélange.

On fixe aussi les fruits à tant par mètre de hauteur, et les retraites depuis les fondations jusqu'aux combles; on explique ensuite les autres ouvrages de maçonnerie qui font partie de la construction, comme fosses d'aisance, cheminées, escaliers, four, etc. En un mot, le devis doit indiquer à l'entrepreneur tous les ouvrages qu'il a à faire exécuter et la manière de les faire eéxcuter. Pour la charpente, on désignera exactement l'espèce et la quantité des bois à employer, la grosseur qu'ils doivent avoir, la distance à laquelle les pièces doivent se trouver, si elles seront de brin, de sciage ou en grume, le tout conformément aux plans; cela sera inutile, si le propriétaire fournit les matériaux; mais, dans tous les cas, on déterminera la manière dont les bois seront assis, établis, équarris, rabotés, refaits et assemblés. On établira exactement les dimensions des ouvrages, pour les réduire ensuite à la toise ou au mètre carré; les ferrures de combles se comptent à la pièce. On procèdera de même pour les planchers, cloisons, combles, et la manière dont les fers qu'on emploiera seront placés. On indiquera la hauteur et la largeur des escaliers ; on fixera le mode de construction des marches, leur giron, leur délardement et leur assemblage, tant entre elles qu'avec le limon, dont les dimensions et l'armature seront également déterminées.

Pour la couverture, on dira si l'on emploie la tuile à crochet, la tuile creuse ou l'ardoise. On déterminera le pureau ou le recouvrement adopté, la grosseur de la latte, son espacement, sa largeur, le nombre de clous à employer ; tous ces ouvrages seront aussi réduits à la toise ou au mètre carré. On dira si les égoûts seront pendants ou retroussés, la manière dont ils seront arrêtés ou maçonnés.

Dans la menuiserie, comme pour la charpente, on commence par spécifier l'espèce de bois à employer pour chaque nature d'ouvrage, la forme et les assemblages principaux. Les ouvrages de menuiserie dormante se comptent ou à la toise ou au mètre carré, comme lambris, cloisons, parquets, ou à la toise courante, comme plinthes, cymaises, etc. ; ceux de menuiserie mobile se paient ordinairement à la pièce.

Pour le devis de la ferrure, on indique non-seulement la qualité du fer, mais les dimensions des gros ouvrages, et le marché se fait au quintal.

Pour les petits fers ou serrurerie, on désigne leur qualité, leur force, et on les estime à la pièce.

Pour la vitrerie, on marque la qualité du verre et la quantité de croisées qu'il y a à vitrer.

Pour le carrelage, on détermine le genre de carreau adopté ; on exige une taille, un appareillage et un niveau parfait. On spécifie s'il sera posé à ciment, mortier de chaux, de terre, ou à plâtre ; le tout se compte à la toise ou au mètre carré.

Pour le devis des ouvrages de plâtrerie, on stipule les qualités du plâtre, de la brique et du bois ; on indique le nombre de couches exigées pour chaque ouvrage, et on exprime s'ils seront ébauchés ou finis, nus ou décorés de moulures et d'ornements ; tous se comptent à la' toise ou au mètre carré.

Pour la peinture d'impression, c'est-à-dire la peinture qui a pour objet les portes, volets, contrevents, armoires, murs, etc., il faut marquer la couleur et le nombre de couches que l'on veut faire passer sur chaque objet, et si c'est à l'huile ou à la colle. La peinture d'impression se paie à la pièce ou à tant la toise ou le mètre carré.

On termine le devis en établissant le prix particulier convenu de chaque nature d'ouvrages, d'après la mesure indiquée ; on fixe l'époque du commencement des ouvrages et celle de leur achèvement. On cherche à bien lier l'entrepreneur, en spécifiant toutes ses obligations et en exigeant de lui non-seulement une bonne caution, mais une avance constante en matériaux ou main d'œuvre. On détermine aussi les époques de paiements; on stipule d'ordinaire qu'un dixième au moins ne lui sera payé qu'après la réception définitive des ouvrages qu'on fixe presque toujours après l'an et jour de la réception provisoire. Ce devis doit être rédigé sur papier timbré ou par devant notaire, enregistré et bien hypothéqué tant sur les biens de l'entrepreneur que sur ceux de sa caution.

Tel est le mode le plus simple et le plus convenable pour établir un devis-marché.

CHAPITRE DIX-SEPTIÈME

—

De la marche à suivre pour mettre les travaux publics en adjudication

On nomme travaux publics ceux dont l'utilité intéresse l'universalité des habitants d'un état, d'une province, d'un département, d'un canton ou même d'une commune; lorsque cette utilité n'a pas les caractères résultant de la propriété patrimoniale et privée. Tels sont les églises, séminaires, colléges, hospices, palais de justice, prisons, casernes, halles, bourses, hôtels de ville, maisons communes, routes nationales, routes départementales, ponts, citadelles, théâtres, etc.

Aucune construction nouvelle ou reconstruction entière ou partielle de monuments publics ne peut avoir lieu que sur la production des projets et devis. Pour mettre un devis en adjudication d'une manière légale, il faut qu'il ait été approuvé par l'autorité compétente, d'abord par le conseil municipal, s'il s'agit d'un édifice appartenant à la commune, et ensuite par le préfet, si le prix n'excède pas 30,000 francs et par le ministre compétent si la somme est plus forte.

L'approbation donnée, on fait afficher dans plusieurs communes et insérer dans les journaux le jour et l'heure où l'entreprise sera donnée à celui qui fera l'ouvrage à moindre prix et présentera des garanties suffisantes.

Il y a trois espèces d'adjudications : la première a lieu sur mise à prix au plus offrant et dernier enchérisseur et à l'extinction des feux ; la seconde au rabais et également à l'extinction des feux ; et la troisième au rabais par soumission cachetée, dans ce genre d'adjudication les travaux ou fournitures sont adjugés à l'entrepreneur qui fait les conditions les plus avantageuses.

Le maire est chargé de passer les adjudications des travaux communaux dans les formes établies par les lois et réglements.

Lorsque le maire procède à une adjudication publique, pour le compte de la commune, il est assisté de deux membres du conseil municipal, désignés d'avance par le conseil, ou, à défaut appelés dans l'ordre du tableau.

Le receveur municipal est appelé à toutes les adjudications.

Toutes les difficultés qui peuvent s'élever dans les opérations préparatoires de l'adjudication, sont résolues, séance tenante, par le maire et les deux conseillers assistants, à la majorité des voix, sauf le recours de droits.

Dans les procès-verbaux d'adjudication, les sommes doivent être écrites en toutes lettres et émargées en chiffres, les deux adjudications doivent concorder ; les sommes en chiffres doivent être totalisées lorsque le procès-verbal comprend plusieurs articles, les renvois, surcharges, ratures, interlignes ont besoin d'être approuvées.

Les adjudicataires doivent signer leurs articles respectifs, ou mention doit être faite qu'ils ne savent, qu'ils ne peuvent ou qu'ils refusent de signer.

Les originaux des actes d'adjudication doivent être déposés aux archives de la mairie pour qu'on puisse y recourir au besoin. Le maire doit en délivrer une expédition timbrée au receveur municipal.

Pour ne pas exposer les communes à des pertes plus ou moins considérables on doit exiger une caution des adjudicataires à moins que le receveur municipal reconnût sous sa responsabilité personnelle la caution comme inutile, ce qui doit être constaté dans le procès-verbal.

Les travaux qui se font aux établissements et lieux d'utilité publique, tels que la maison commune, les salles d'audience, les églises, les hôpitaux, les halles, les abreuvoirs, les puits, les fontaines, les pavés de rues, des quais, des ports, des chemins, etc., sont évalués par devis, adjugés au rabais et ensuite faits, reçus et payés comme les travaux publics nationaux et sous la surveillance du préfet. La direction et la surveillance des travaux concernant les grandes routes et dont les frais sont à la charge du trésor public appartenant aux ingénieurs ou architectes des ponts et chaussées.

Les adjudications doivent être annoncées au moins quinze jours d'avance, elles doivent indiquer, en entier ou par extrait, les conditions portées au cahier des charges.

On appelle ainsi le cahier qui contient l'exposé de toutes les conditions qui doivent faire partie de l'entreprise et du contrat mis en adjudication.

Les personnes qui se présentent pour l'adjudication prennent connaissance des clauses du cahier des charges; elles rédigent une soumission qui comprend l'obligation de s'y conformer, et d'exécuter les travaux à un prix déterminé.

Ces soumissions sont conformes à un modèle donné ; dans les vingt-quatre heures qui suivent l'expiration du délai pour la réception des soumissions, elles sont ouvertes, il en est donné lecture et formé un état dans lequel ne sont compris que les soumissionnaires qui ont été reconnus réunir la moralité, la capacité et les moyens suffisants pour l'exécution des travaux.

Il est en même temps rédigé une seconde affiche cans laquelle sont énoncés les prix portés aux diverses soumissions admises ; les noms des soumissionnaires resteront secrets, et le public est invité à faire de nouvelles soumissions au rabais dans le délai indiqué dans la seconde affiche. On procède de même qu'à l'égard des premières soumissions, et le président (le préfet, le sous-préfet ou le maire), après avoir consulté la commission (composée de conseillers de préfecture et d'ingénieurs ou architectes, ou de conseillers municipaux suivant le cas), détermine, dans la séance, celle des soumissions à laquelle la préférence a été accordée, son arrêté est transmis au soumissionnaire, qui devient dès-lors adjudicataire définitif,

Lors de l'examen des secondes soumissions, si les prix offerts paraissent trop onéreux il peut être sursis à l'adjudication.

On conçoit que, lorsqu'il s'agit d'un monument ou d'un embellissement, il y ait rarement urgence, et qu'on ait d'ailleurs de hauts intérêts à satisfaire; mais relativement aux travaux d'utilité publique, il n'en est pas de même. Les délais d'un double concours peuvent dans ce cas, entraîner des lenteurs funestes, et c'est ce qui a déterminé la modification apportée à l'arrêté du 10 mars 1824, qui porte :

« Les adjudications qui auront lieu à l'avenir pour les travaux dépendants du service des ponts et chaussées seront faites sur un seul concours; en ayant soin de laisser un intervalle d'un mois au moins entre la date de l'affiche et l'époque fixée pour l'ouverture des soumissions; toutefois cet intervalle pourra être réduit en cas d'urgence et avec mon autorisation.

Les soumissions cachetées qui n'auraient pas été remises à l'avance au secrétariat général de la préfecture seront déposées, le conseil de préfecture assemblé, sur le bureau même du conseil, jusqu'à l'instant déterminé pour l'ouverture des soumissions, les concurrents se retireront de la salle du conseil; les soumissions seront ouvertes, il en sera dressé un état, et le préfet après avoir consulté les membres du conseil et l'ingénieur en chef, déclarera quelle est celle des soumissions à laquelle il aura été accordé la préférence : Cette décision sera prononcée publiquement.

Dans le cas ou deux ou plusieurs soumissions renfermeraient les mêmes offres, un nouveau concours sera ouvert, mais seulement entre les signataires de ces soumissions, et, à cet effet, la clôture de l'adjudication pourra être remise au lendemain.

Il est dressé pour chaque adjudication un procès-verbal des opérations.

Une copie de ce procès-verbal est transmise immédiatement, avec les pièces qui doivent l'accompagner, au directeur général des ponts et chaussées, dont l'approbation est nécessaire pour rendre l'adjudication valable et définitive.

Les adjudications relatives aux travaux d'entretien et de réparations ordinaires deviendront valables et définitives par la seule approbation du préfet (ord. royale, du 10 mai 1820 art. 17.)

Dans certaines circonstances, et lorsqu'il ne s'agit que de travaux d'entretien ou de réparations ordinaires ou de travaux neufs dont la dépense n'excède pas 15,000 francs, le préfet peut déléguer au sous-préfet la faculté de passer l'adjudication au chef-lieu de la sous-préfecture. Le sous-préfet est assisté du maire du chef-lieu de la sous-préfecture, de deux membres du conseil d'arrondissement et d'un ingénieur ou architecte.

Les adjudications de travaux de construction, reconstruction et réparations de bâtiments appartenant aux communes, aux hôpitaux et aux fabriques, sont exécutées sur la simple approbation des préfets, lorsque la dépense n'excède pas deux mille francs ; ces fonctionnaires ne sont tenus dans ce cas que d'en rendre compte au ministre (ordonnance royale, du 8 août 1821).

Les réparations ordinaires et de simple entretien qui n'excèdent pas 1,000 francs peuvent être autorisées par le préfet sans autre formalité qu'une simple visite et un devis estimatif par l'architecte de la commune.

Lorsqu'elles n'excèdent pas 300 francs elles sont ordonnées et exécutées sans l'approbation préalable, dans l'un et l'autre cas, il n'y a donc point d'adjudication publique.

Voilà quelques unes des formalités et des démarches à faire pour livrer les travaux aux entrepreneurs par la voie de l'adjudication. Cette manière de faire exécuter les travaux a d'une part le grand avantage de faire baisser les prix , mais de l'autre il a deux inconvénients : le premier est d'exposer l'entrepreneur à des pertes considérables lorsque, par amour propre ou par quelque autre motif, il met les prix trop bas ; le second inconvénient, est que les travaux sont mal exécutés et qu'on emploie de mauvais matériaux si l'entrepreneur est un homme improbe et que d'ailleurs il ne soit pas surveillé par un homme de beaucoup de fermeté, de vigilance et d'expérience pour l'empêcher de mal faire.

Il est une autre manière de faire construire un édifice c'est quand celui qui bâtit dirige toutes les opérations d'après ses propres idées, ou d'après un plan qu'il est chargé par un tiers de faire exécuter. C'est lui qui achète et fournit les matériaux et qui traite avec les ouvriers pour chaque genre de travail. Cette manière de bâtir se nomme *régie, économie paternelle.* Cette manière de construire diminue de beaucoup le prix des bâtiments; elle convient aux particuliers et aux communes qui ont des bois, des carrières et qui peuvent faire leurs charrois. Mais il ne faut pas dissimuler qu'elle ait aussi de graves inconvénients : les ouvriers font quelquefois leur travail plus lentement pour multiplier les journées, en sorte qu'il faut beaucoup d'assiduité de la part de celui qui préside pour activer les travaux et tenir compte du temps perdu. Nous rappelons à cette occasion que les journées d'ouvriers maçons, menuisiers, charpentiers, plâtriers, etc., sont de douze heures en été et de dix en hiver, et qu'on a droit de retenir la douzième ou la dixième partie du prix convenu pour chaque heure perdue.

Quoiqu'il en soit du mérite de ces deux différentes manières de faire construire un bâtiment : voici quelques formules et modèles d'affiches pour adjudications.

Modèle d'affiche pour l'adjudication de la reconstruction d'un pont

Mardi 12 juin, à 10 heures du matin, il sera procédé, en la grande salle de l'hôtel de ville de B..., à l'adjudication au rabais des travaux et fournitures à faire pour la démolition et la reconstruction du pont de M..., dont les devis dûment approuvés s'élèvent à la somme de 7,666 fr. 30 c., y compris les honoraires de l'architecte, et sauf l'imputation des matériaux à provenir de la démolition des vieux ponts.

Modèle d'affiche pour l'adjudication de la construction d'un bassin

Lundi 22 mai 1851, à 9 heures du matin à l'hôtel de ville de N..., il sera procédé à l'adjudication au rabais sur soumissions cachetées, des constructions à faire pour l'établissement d'un bassin destiné à accroître l'approvisionnement des fontaines au lieu de B...

Cette construction est évaluée par le devis à la somme de 61.446 fr. 26 cent.

Modèle d'affiche pour l'adjudication de la fourniture de tuyaux

Mardi 24 juin 1854, à 10 heures du matin, à l'hôtel de ville de N..., il sera procédé à l'adjudication au rabais, sur soumissions cachetées, de la fourniture des tuyaux de conduite en fonte nécessaires pour amener les eaux depuis le nouveau bassin à construire au lieu de B..., jusque sur la place du Peuple,

Cette fourniture est évaluée par le devis, fouilles et pose comprises à la somme de 60,314 fr, 30 cent.

Autre modèle

Le public est prévenu qu'il sera procédé le 20 avril prochain à 9 heures du matin devant M. le maire de la commune de B..., à l'adjudication au rabais des travaux et fournitures à faire pour les réparations de l'église paroissiale.

L'adjudication desdits travaux sera faite en la manière accoutumée, dans la salle de la maison commune, sous les clauses et conditions dont il sera préalablement donné connaissance à toute personne qui le demandera.

Les travaux et les fournitures sont évalués par le devis à la somme de 1,396 fr.

Fait à la Mairie, le 18 mars 1851.

Formule de soumission cachetée.

Je soussigné, N..., entrepreneur de...... patenté, domicilié à D..., m'engage à exécuter, à mes risques et périls, les travaux à faire pour la construction de N..., (désigner l'objet).

1° Moyennant un rabais de 7 centimes par franc sur le prix estimatif de 4,537 fr., déduction faite, reste à .... 4219 fr. 41 c.

2° 12 centimes aussi de rabais par franc, sur la somme de 2,759 francs, prix estimatif des réparations à faire au pont de B.., et qui réduit cette somme à celle de... 2400   »
____
En totalité... 6619   41

Le tout conformément aux devis et conditions portées au cahier des charges, dont j'ai pris suffisante connaissance ; pour laquelle adjudication je présente le sieur Jean Girard, menuisier patenté, demeurant à Saint-Etienne, pour ma caution solidaire : pourquoi nous signons la présente soumission.

Saint-Etienne, le 12 juillet, 1854.

(Signature du marchand.)

Formule de procès-verbal d'adjudication d'ouvrages pour le compte des fabriques su communes.

L'an mil huit cent cinquante un, le 20 avril, heure de midi, nous, maire de la commune de B..., en vertu de l'autorisation du préfet du département, et en conséquence de l'affiche apposée le 10 mars dernier, avons procédé à l'adjudication au rabais des réparations à faire à l'église paroissiale, conformément au devis dressé par Louis Bullet. entrepreneur en bâtiments; et A. Dumas, couvreur, demeurant à D..., lequel devis, déposé à la mairie, a été communiqué à tous ceux qui l'ont demandé.

Lecture ayant été faite par nous, en présence du public, des clauses et conditions du devis à exécuter, nous avons annoncé que les enchères auraient lieu d'après l'estimation portée à 1,396 francs.

M. Alphonse Potet a déclaré accepter l'adjudication à 1,392 francs.

M. Louis Varron, à 1,391 francs.

M. Pierre Vivier à 1390 francs, et personne ne se présentant pour sous-enchérir, nous avons adjugé les dits travaux à **M.** Vivier, maître maçon, demeurant à M..., moyennant 1,390 francs qui lui seront payés par le receveur des revenus communaux, dans le délai d'un mois, à dater de la réception des ouvrages. Le dit Vivier demeure chargé : 1° de faire effectuer les ouvrages de manière qu'ils soient terminés le 20 juin prochain ; 2° de payer les frais de devis, d'adjudication et de réception des ouvrages montant ensemble à .... (s'il y a d'autres charges elles seront inscrites à la suite de celles-ci et le procès-verbal sera clos ainsi qu'il suit) ; et nous avons clos le procès-verbal qu'il a signé avec nous après lecture.

Le Maire :   (*signature du maire.*)

Réception d'œuvre

Quand un édifice construit à prix fait ou par adjudication est terminé, un architecte ou un vérificateur expert en fait la réception.

Cette opération consiste à mesurer à la toise ou au mètre, selon la mesure dont on est convenu, les travaux faits, à les comparer au devis et à déclarer qu'il y a conformité ou différence entre le projet et l'exécution.

La réception des ouvrages n'est point une approbation ni une reconnaissance que la construction est sans reproche, et que tous les matériaux soient parfaits.

Mais une vérification simple, qui affirme que tout ce qui est contenu dans les mémoires et devis est exécuté et que les mesures en sont exactes, et conformes aux règles et aux usages ; car quelque savant que soit celui qui fait la réception, il ne peut pénétrer dans la construction intérieure, ni prévoir ce qui peut arriver dans quelques années. C'est le temps seul qui fait connaître la bonne ou mauvaise position des bâtiments.

C'est donc sagement que nos lois des bâtiments astreignent les architectes, les entrepreneurs, les maçons, les charpentiers, les serruriers et autres ouvriers qui font directement des marchés à prix faits à la garantie pendant dix ans.

C'est pour ce motif qu'on ne complète pas ordinairement le payement de l'entrepreneur jusqu'à la réception de son travail. Cette précaution est de rigueur pour les travaux qui sont au compte du gouvernement. On retient même le dixième du prix des travaux pendant un an, afin de s'assurer qu'ils sont faits solidement.

De plus l'entrepreneur demeure comme nous venons de le dire responsable de son travail pendant dix ans.

CHAPITRE VINGTIÈME

Des lois et coutumes concernant la construction des bâtiments.

Il ne suffit pas à celui qui se livre à l'art de bâtir, de connaître les principes de cet art, il faut encore qu'il joigne à cette connaissance celle des lois et coutumes qui concernent la construction et la réparation des bâtiments : autrement il se trouverait souvent en contradiction avec les lois et coutumes, et obligé de démolir tout ce qui ne serait pas conforme à leurs dispositions.

Nous avons donc cru qu'il serait utile de donner ici quelques extraits des lois, coutumes, ordonnances et décisions des cours royales et de la cour de cassation les plus indispensables de connaître.

Pour faciliter l'étude de ces extraits, nous les avons rangés par ordre alphabétique.

Alignement.

On appelle ainsi la démarcation de l'emplacement que doivent occuper les constructions qui bordent la voie publique.

Lorsqu'on veut construire ou planter sur les rives d'une voie publique, soit rue, soit grand chemin, soit chemin vicinal ; lorsqu'il s'agit de le faire sur les rues ou grands chemins, c'est au préfet du département que l'on doit s'adresser, en lui présentant une pétition à ce sujet, s'il est question d'un chemin vicinal, c'est au maire de la commune.

Les propriétaires, architectes ou constructeurs doivent avoir le plus grand soin de ne s'adresser pour les alignements qu'à l'autorité compétente, et de ne point porter devant le préfet la demande qui doit être portée devant le maire, et réciproquement, car l'autorisation qui leur serait accordée et l'alignement qui leur serait délivré par une autorité incompétente seraient considérés comme non avenus, et la démolition des constructions ou réparations pourrait être ordonnée sans indemnité (arrêt du conseil d'État du 4 mai 1826).

La juridiction du préfet ne comprend pas les portions de route traversant les places publiques, elles font partie des biens communaux et rentrent dans les attributions municipales (ord. du 18 janvier 1828).

L'alignement des rues des villes, bourgs et villages qui ne sont pas le prolongement des grandes routes, et celui des places, qu'elles soient ou non traversées par une grande route, doit être donné par le maire, et les contraventions à l'alignement; ainsi que les anticipations sur la voie publique, poursuivies devant le tribunal de simple police.

Le conseil municipal délibère sur l'ouverture des rues et places publiques, et les projets de l'alignement de voirie municipale.

Le droit de donner des alignements comporte celui d'autoriser ou de défendre les saillies sur la voie publique, comme balcons, bancs, escaliers, auvents, devantures de boutiques, chéneaux, etc., et dans le cas d'autorisation, d'en régler les dimensions et le mode de construction.

Pour assurer l'interdiction de bâtir ou de réparer dans les cas de non conformité aux alignements, et pour prévenir toutes espèces de contraventions, la loi du 22 juillet 1791, astreint les propriétaires, architectes ou autres ouvriers constructeurs à demander l'autorisation, avant de commencer les travaux, lorsqu'il s'agit de constructions ou reconstructions sur la voie publique ou de tout espèce d'ouvrage à faire aux murs de face sur route ou sur rue.

La demande d'autorisation pour bâtir ou réparer exige en même temps une demande d'alignement, cette double demande, contenue dans la même pétition, doit être présentée au préfet pour les rues qui sont le prolongement des grandes routes, et, pour toutes les autres rues au maire de la commune.

L'alignement pour être valable doit être donné par écrit par l'autorité administrative.

Les permissions de bâtir ne sont valables que pendant une année; à l'expiration de ce délai s'il n'en a été fait usage, elles doivent être renouvelées.

Les maires sont tenus de faire tracer en leur présence, sur le terrain, les points principaux d'alignement, et d'en dresser procès-verbal.

Cette opération ne donne lieu à aucun droit.

Bâtiments civils.

On entend par bâtiments civils tous les édifices appartenant soit à l'État, soit à une commune, soit à une compagnie, soit à un particulier,

Tous les bâtiments civils appartenant à une commune sont placés sous la garde et confiés aux soins de l'autorité municipale. Cette délégation, qui ressort des lois du 24 août 1790 et 22 juillet 1837, qui après avoir chargé le maire de la voirie municipale, ainsi que de la conservation et de l'administration des propriétés de la commune, lui attribue spécialement la direction des travaux communaux. Les projets de construction, de grosses réparations et de démolition, et en général tous les travaux à entreprendre, les acquisitions, aliénations et échanges des propriétés communales, leur affectation aux différents services publics, et tout ce qui intéresse leur conservation et leur amélioration, doit aux termes de la même loi, être l'objet d'une délibération du conseil municipal.

Il existe au ministère de l'intérieur une direction centrale des bâtiments civils et monuments publics, chargé d'examiner les projets et devis concernant les constructions et réparations de tous les bâtiments civils de la France, les projets des alignements des rues et places de Paris et des autres villes. La loi d'administration entière ou partielle ne ponrra être autorisée que sur la production des projets et devis, et que ces projets et devis sont soumis à l'approbation préalable du ministre quand la dépense excédera

13ᵉ

30,000 fr. et à celle du préfet quand elle sera moindre.

Constructions communales.

Le conseil municipal règle par ses délibérations les projets de constructions, de grosses réparations et de démolitions, et en général tous les travaux à entreprendre ; l'ouverture des rues et places publiques et les projets d'alignement de voirie municipale.

Le maire est chargé, sous la surveillance de l'administration supérieure, de la direction des travaux communaux.

Sont classées au nombre des dépenses obligatoires des communes les grosses réparations aux édifices communaux, sauf l'exécution des lois spéciales concernant les bâtiments militaires et les édifices consacrés aux cultes.

Aucune construction nouvelle en reconstruction entière ou partielle ne peut être autorisee que sur la production des projets et devis. Ces projets et devis sont soumis à l'approbation préalable du ministre compétent, quand la dépense excède 30,000 francs, et à celle du préfet quand elle est moindre.

C'est surtout en matière de constructions et

réparations extraordinaires que les ordonnateurs et les comptables doivent se montrer attentif, à la production des pièces justificatives des dépenses.

Aucune ordonnance pour travaux excédant 30,00 francs, ne peut être délivrée qu'autant que les travaux ont été approuvés par le ministre de l'intérieur et adjugés dans les formes prescrites par la décision ou par les règlements antérieurs.

Le premier paiement doit êtrs justifié par la production de la décision ministérielle, du procès-verbal d'adjudication dûment approuvé par le préfet par l'état d'avancement des travaux, certifié par l'architecte chargé de leur direction, et visé par le maire.

Les ordonnances pour à comptes ultérieurs sont acquittées sur la simple production d'un état semblable, sauf à renvoyer aux premières productions.

Quant aux paiements pour solde des travaux, ils ne peuvent être ordonnancés, qu'après qu'il a été procédé à leur réception, qu'il est constaté qu'ils ont été bien et fidèlement exécutés, que l'entrepreneur a satisfait à toutes les clauses charges et conditions de son adjudication; le comptable ne peut effectuer ces paiements que sur la production du procès-verbal de réception.

Les ordonnances pour travaux, dont la dépense ne doit pas excéder 30,000 francs obligent à la production des mêmes pièces justificatives.

La décision approbative du ministre doit être suppléée par un arrêté approbatif du préfet.

Constructions près des forêts.

Le code forestier, art. 151 et suivants, ne permet que dans les propriétés particulières et à une distance des forêts qui varie de 500 mètres à 2 kilomètres on puisse faire certaines constructions ou établissements, sans y avoir été autorisé par le gouvernement; ces constructions sont : 1° les fours à chaux ou à plâtre, briqueteries ou huileries ; 2° les maisons sur perches, loges, baraques ou hangards ; 3° les maisons ou fermes ; 4.° les maisons à scier le bois.

Quand aux forges, martinets et verreries, le code forestier n'en fait pas mention ; ces établissements restent soumis a l'ancienne législation, c'est à dire à l'arrêt du conseil du 9 août 1723, qui en défend la construction sans autorisation du gouvernement à peine de 5,000 francs d'amende et de démolition.

Ce principe a été consacré par la cour de cassation, statuant sur une affaire relative à une verrerie construite sans autorisation. (arrêt du 21 août 1829.)

Cour commune à plusieurs.

Ceux qui ont une maison sur une cour ou une place commune à plusieurs, peuvent changer de situation leurs portes et fenêtres, et les augmenter ou diminuer de grandeur ou de nombre, mais ils n'y peuvent faire aucune avance de tuyaux, fosses d'aisances, cabinets saillants, ni autres choses semblables qui seraient en saillie sur cette place ou cour commune, à moins que les propriétaires n'y consentent (lois des bâtiments).

Cheminées,

Celui qui veut faire construire une cheminée ou âtre contre un mur mitoyen ou non, doit faire un contre-mur en tuileaux ou autre chose suffisante, de 16 centimètres (demi-pied) d'épaisseur.

Ce contre-mur doit être au moins de 18 décimètres (5 pieds) de hauteur, car c'est là jusqu'où le feu peut endommager un mur, principalement aux grandes cheminées de cuisine, au-dessus duquel contre-mur on fait un talus en glacis, pour gagner le vrai mur (lois des bâtiments.)

Par un règlement de police du 28 avril 1719.
qui a été renouvelé le 10 novembre 1781, et en
janvier 1808, il est défendu d'adosser les cheminées ou leurs tuyaux contre les cloisons, pans
de bois, poutres, solives, entraits, faîtes, sous-
faîtes, ni contre aucun bois pour quelque raison
et de quelque manière que ce soit, tant par le
derrière que par le côté, quand même on ferait
un contre-mur de 25 centimètres d'épaisseur.

Le même règlement défend aussi de faire des
âtres de cheminées sur des poutres, solives sa-
blières et autres bois, quelque exhaussement et
épaisseur qu'il y ait entre le carreau de l'âtre et
les pièces de bois au-dessous.

De la distance et des ouvrages intermédiaires requis pour certaines constructions

Celui qui fait creuser un puits ou uns fosse
d'aisances près d'un mur mitoyen ou non ; celui
qui veut y construire cheminées ou âtres, forge,
fours ou fourneaux, y adosser une étable, ou établir contre ce mur un magasin ou amas de matières corrosives, est obligé à laisser la distance
prescrite par les règlements et usages particuliers sur ces objets, ou à faire les ouvrages près-
crits par les mêmes règlements et usages, pour
éviter de nuire au voisin. (Code civil art. 694.)

Mitoyen ou non. C'est-à-dire, que le mur appartienne en entier à celui qui veut y construire, ou qu'il soit mitoyen, mais si le mur est au voisin, celui qui veut construire ne pourrait y adosser aucune espèce d'ouvrage avant d'en avoir acheté le droit ou bien la mitoyenneté du mur.

La distance prescrite. Si cette distance a été laisée, si les règlements ont été observés, et que malgré cela, les fosses, étables, matières corrosives, etc., nuisent au voisin, on sera tenu de l'indemniser, parce qu'on présume alors que les ouvrages prescrits ont été mal faits.

Toutes les obligations imposées par cet article ont pour but l'intérêt des voisins et celui du public.

Démolition

Le propriétaire d'un bâtiment est responsable des dommages causés par sa ruine lorsqu'elle est arrivée par suite du défaut d'entretien ou par le vice de construction. (Code civil, art. 1386.)

Établissements dangereux, insalubres ou incommodes

La loi détermine quels sont les établissements industriels qui doivent être considérés comme dangereux, insalubres ou incommodes et que les autorités sont appelées à en autoriser la fondation.

La loi divise ces établissements en trois classes. La première renferme les établissements qui ne peuvent être formés près des maisons particulières, et pour lesquels il faut une autorisation, du président de la République, accordée en conseil d'Etat. Telles sont les poudrières, les fonderies, les fabriques de machines à vapeur, les hauts fourneaux, les fours à chaux, les fours à plâtre et les établissements d'amidonniers, d'artificiers, de bleu de Prusse, de boyandiers, de charbon de terre épuré, de charbon de bois épuré, de chiffonniers, de colle forte, de cordes à instruments, de poudrette, de rouissage, de chanvre, de cuirs vernis, de cartonniers, de soude artificielle, de suif brun, de minium, de fabriques de vernis, de fabriques d'huile de pieds et de cornes de bœufs, d'eau forte, d'acide sulfurique, de taffetas et de toile vernis, de sel ammoniac, de tourbe carbonisée, de potasse provenant de la mélasse, etc.

La deuxième classe comprend les établissements dont l'éloignement des habitations n'est pas rigoureusement nécessaire, mais dont il importe néanmoins de ne permettre la formation qu'après avoir acquis la certitude que les opérations y seront exécutées de manière à ne pas incommoder les voisins.

Pour fonder ces établissements, l'autorisation du préfet est nécessaire.

Voici la nomenclature des établissements qui entrent dans la deuxième classe. Ce sont les établissements de blanc de céruse, de chandeliers, de corroyeurs, de couverturiers, de distilleries d'eau-de-vie, de fonderie de métaux ou fourneau en branche, de noir d'ivoire, de noir de fumée, de plomberie, de plomb de chasse, de salles de dissection, de fabriques de tabac, de taffetas ciré, de teinturiers, de filatures, de cocons, de mégissiers, de blanchîment de toiles par l'ammoniac muriatique oxygéné, d'hongroyeurs, de dépôts de cuirs verts, de pompes à feu et de conserves de sardines.

La troisième classe renferme les établissements incommodes mais non insalubres qui peuvent rester sans inconvénient auprès des habitations particulières, qui doivent être soumis à la surveillance de la police locale, l'autorisation du sous-préfet suffit pour la formation des établissements de la troisième classe. Ces établissements sont : les fabriques d'alun, des boutons de corne transparente, de caractères d'imprimerie, de papiers peints, de colle, de parchemin,

13*

de vitriol, de savonnerie, de doreurs sur métaux, de ciriers, de brasseurs, etc., etc.

L'autorisation, pour les établissements de première classe, peut être retirée lorsqu'ils présentent des inconvénients graves pour la salubrité, la culture ou l'intérêt général. Cette mesure ne peut être étendue aux établissements de deuxième et troisième classe.

Quand il s'agit d'établissement appartenant à la première ou à la deuxième classe, les maires donnent leur avis sur la demande d'autorisation, et ils ont le droit d'y former opposition au nom de la commune.

Ils sont chargés de procéder aux informations de *commodo* et *incommodo*, lorsqu'elles sont exigées toutes les fois qu'il s'agit d'établissements rangés dans les deux premières classes.

Ce sont encore les maires qui sont chargés d'indiquer la distance des habitations à laquelle les établissements doivent être placés ; quand l'autorisation est réclamée pour les établisse- qui appartiennent à la troisième classe, le sous- préfet ne peut prendre de décision qu'après avoir consulté les maires des communes dans lesquelles on veut les placer.

Étables et terres jectisses

Pour faire une étable ou une écurie contre un

mur mitoyen, il faut faire un contre-mur de 21 centimètres d'épaisseur pour empêcher que les fumiers qu'on laisse longtemps dans les étables ne pourrissent et ne dégradent le mur commun.

Ce contre-mur doit être fait jusqu'au haut de la mangeoire. Si l'étable est environnée de murs mitoyens de tous les côtés, on doit faire des contre-murs à tous les murs.

On comprend sous le nom d'étables, les vacheries, bergeries et écuries, et généralement tous les lieux où l'on entasse des fumiers.

Quiconque met des terres jectisses, c'est-à-dire rapportées, contre un mur mitoyen ou appartenant au voisin, doit faire un contre-mur d'épaisseur suffisante pour soutenir les terres, de manière que le mur ne puisse recevoir ni atteinte ni dommage. Si le contre-mur n'est pas suffisant, et que le mur vienne à périr par l'humidité et la poussée des terres qu'il soutient, le propriétaire de l'héritage auquel appartiennent les terres jectisses est tenu du dommage.

Dans les magasins où l'on met du sel, de la morue salée et autres salines de quelque nature que ce soit, les contre-murs doivent être de trois décimètres d'épaisseur, et être de toute la largeur et hauteur de ce qui est occupé contre les murs mitoyens, par le magasin, et 8 décimètres de fondation plus bas que l'aire du magasin.

Egoûts des toits

Tout propriétaire doit établir les égoûts de manière que les eaux pluviales s'écoulent sur son terrain ou sur la voie publique, il ne peut les faire verser sur le fonds de son voisin (code civil, art. 681), parce que l'héritage voisin n'est tenu de recevoir les eaux que lorsqu'elles coulent naturellement et sans le fait de l'homme. L'obligation imposée par cet article existe, lors même que le fonds inférieur serait plus incliné que le fonds sur lequel les constructions ont été faites ; car la servitude naturelle, n'existe que pour les fonds qui sont dans leur état naturel et non en faveur de ceux que la main de l'homme a convertis en bâtiments.

Egoûts souterrains

Aqueducs couverts et souterrains destinés à recevoir les eaux pluviales et corrompues pour les diriger vers les points d'écoulement.

La propriété du sol des rues emporte la propriété du dessus et du dessous (code civil, art. 552). Il en résulte qu'il n'est permis aux particuliers de faire ni dessus ni dessous aucune entreprise sans l'autorisation expresse de l'autorité compétente. Ainsi il est défendu de creuser sous la rue des aqueducs, égoûts, etc., la possession, quelque longue qu'elle soit, ne pourrait légitimer de pareilles entreprises, et conférer à leur auteur ou à ses ayant droit un titre de propriété.

Chacun peut faire dériver dans les égoûts publics, soit les eaux pluviales tombant des couverts, soit les eaux ménagères qui découlent des maisons par des gouttières et des conduits de descente, mais arrangées de manière que les passants ne soient pas incommodés.

Fosses d'aisances.

Celui qui veut faire une fosse d'aisances contre un mur mitoyen ou non, doit faire un contre-mur suffisamment épais pour retenir les matières fécales et les urines, et empêcher qu'elles ne pénètrent jusqu'au mur, mitoyen ou non.

Malgré tous les contre-murs qu'a pu faire faire celui qui adosse une fosse d'aisances contre un mur mitoyen ou non, il est toujours responsable du dommage qui est causé par la filtration.

Forges, fours et fourneaux

Lorsqu'on fait construire une forge, four ou fourneau contre un mur mitoyen, on doit laisser 16 centimètres de vide entre le mur voisin et celui de la forge, four ou fourneau, lequel mur doit être de trois décimètres d'épaisseur.

L'épaisseur de ce contre-mur n'est pas la même partout ; elle varie du plus au moins de quelques centimètres dans les coutumes de nos anciennes provinces.

Le vide doit être du haut du four en bas, tant pour les fours de boulangers, patissiers, que pour ceux des particuliers.

De la garantie des édifices

On distingue deux manières différentes de faire construire un édifice, l'une que l'on appelle par *économie*, l'autre que l'on appelle par *entreprise*.

Dans la bâtisse par *économie*, celui qui bâtit dirige toutes les opérations d'après ses propres idées ou d'après un plan qu'il s'est fait faire par un architecte. C'est lui qui achète les matériaux dont il a besoin, et qui paie les ouvriers qu'il emploie.

Lorsqu'on bâtit par *entreprise*, on fait des marchés avec un architecte ou un ou plusieurs entrepreneur, uu maçon pour la maçonnerie, un charpentier pour la charpenterie, etc., et on les paie à raison de la quantité de l'ouvrage, soit prix convenu, soit, s'il n'a pas été fait de prix courant, tel qu'il est réglé par expert. Dans le cas de la bâtisse à *l'entreprise*, c'est ordinairement l'entrepreneur qui fournit les matériaux, qui choisit et paie les journaliers.

En général, chacun de ceux qui concourent à la construction d'un bâtiment, étant tenu de bien faire ce qu'il fait, est responsable de ses fautes, et doit les réparer à l'instant qu'il les commet. Ainsi, un manœuvre même qui perdrait le plâtre qu'il doit employer, est tenu d'en rétablir la même quantité, ou on peut lui en retenir le prix sur les journées.

Mais lorsqu'on bâtit par *économie*, les manœuvres et journaliers qu'on emploie ne sont point tenus de répondre de la solidité du bâtiment, et l'on n'a aucune garantie contre eux, s'il vient à périr en tout ou en partie, par quelque vice de construction. C'est à ceux qui font bâtir par *économie* à choisir des ouvriers habiles.

Il en est différemment lorsqu'on bâtit par *entreprise*. Dans ce cas, si l'édifice construit à prix fait périt en tout ou en partie par le vice de la construction, même par le vice du sol, les architectes et entrepreneurs sont responsables pendant dix ans (code civ. art. 1792). C'est à eux à savoir leur profession, et par conséquent nonseulement à faire une bonne et solide construction avec de bons matériaux, mais encore à apprécier si le sol qu'on leur donne pour bâtir est propre à recevoir l'édifice et à résister.

Cependant si un architecte ne faisait que diriger les travaux pour surveiller les ouvriers et l'emploi des fonds qui lui seraient remis, il ne serait point soumis à la responsabilité ordinaire imposée par l'art. 1792 du code civil. (Arrêt du 1er février 1830, de la cour de cassation.)

Mais il en est autrement lorsqu'un entrepreneur achète un terrain pour y bâtir et qu'il revend ensuite la superficie avec le bâtiment qu'il a élevé. Il est sensible que, dans ce cas, un entrepreneur ne peut s'assimiler à un vendeur ordinaire non soumis à la garantie de la maison par lui vendue, ainsi qu'elle se poursuit et comporte. Il est en même temps vendeur et constructeur.

La garantie dont sont tenus les entrepreneurs s'étend jusqu'aux incendies qui arrivent par la mauvaise construction. (Lois des bâtiments)

Il est même des juristes qui pensent que dans ce dernier cas, l'action de garantie doit durer 30 ans, lorsqu'un maçon a construit un manteau de cheminée avec âtre au-dessus de quelque bois, adossé immédiatement un tuyau de cheminée contre un pan de bois, ou laissé passer quelque bois dans le tuyau de la cheminée, ou commis quelque faute de cette nature, parce qu'alors le sujet de l'incendie existe dès l'instant de la construction de l'ouvrage, et que l'entrepreneur est coupable d'un quasi délit qui fait durer l'action en garantie pendant 30 ans.

Les architectes qui se sont bornés à former plans ne sont point sujets à la garantie, à moins que leurs plans ne soient défectueux. Mais un architecte est responsable des travaux dont il a donné le plan, s'il a été chargé de les surveiller, quoiqu'il n'en ait pas eu l'entreprise (arrêt de la cour de cassation du 20 novembre 1817). Après dix ans, les architectes et les entrepreneurs sont déchargés de la garantie des gros ouvrages qu'ils ont fait ou dirigés (code civ. art. 2270).

Les maçons, charpentiers, serruriers et autres ouvriers qui font directement des marchés à prix faits sont également astreints à la garantie. Ils sont entrepreneurs dans la partie qu'ils traitent (code civ., art. 1799).

La réception des ouvrages, qui se fait dans l'an après leur parachèvement, n'est point une approbation ni une reconnaissance que la cons-

truction soit exacte et sans reproche, et que les
matériaux soient parfaits; mais une vérification simple qui affirme que tout ce qui est contenu dans le devis est exécuté; car quelque savant que soit celui qui fait la réception, il ne
peut pénétrer dans la construction intérieure,
ni prévoir ce qui peut arriver dans quelques années. C'est le temps seul qui fait connaître la
bonne ou mauvaise construction des bâtiments.
Quand les malfaçons contraires aux règles de
l'art et aux plans et devis convenus ne font que
rendre la bâtisse moins solide, alors la reconstruction n'est point ordonnée; le prix promis
par le propriétaire est seulement diminué, par
forme de dommages et intérêts, autant que la
nature et la qualité des malfaçons l'exigent.

Le délai pendant lequel les architectes et les
entrepreneurs sont responsables du vice de la
construction de leurs ouvrages commence à
courir du jour de ces ouvrages.

Lorsque le marché est à forfait, l'entrepreneur ne peut pas faire procéder à la réception
d'un bâtiment, que ce bâtiment ne soit entièrement achevé.

Celui pour lequel un bâtiment est construit
doit le recevoir, s'il n'y trouve pas de défaut;
s'il en trouve, et qu'en conséquence il refuse de

le recevoir, le juge doit ordonner la visite par experts.

L'ouvrage est censé tacitement reçu, lorsque le locataire s'est mis en possession sans se plaindre, et surtout s'il en a payé le prix sans protestation (Pothier, traité de louage).

Si, dans le cas où l'ouvrier fournit la matière la chose vient à périr, de quelque manière que ce soit, avant d'être livrée, la perte en est pour l'ouvrier, à moins que le maître ne fut en demeure de recevoir la chose (code civil, art. 1788).

Dans le cas où l'ouvrier fournit seulement son travail ou son industrie, si la chose vient à périr, l'ouvrier n'est tenu que de sa faute (art 1789).

Si, dans le cas de l'article précédent, la chose vient à périr, quoique sans aucune faute de la part de l'ouvrier, avant que l'ouvrage ait été reçu, et sans que le maître fut en demeure de le vérifier, l'ouvrier n'a point de salaire à réclamer, à moins que la chose n'ait péri par le vice de la matière (art. 1790).

S'il s'agit d'un ouvrage à plusieurs pièces ou à la mesure, la vérification peut s'en faire par parties : elle est censé faite pour toutes les parties payées, si le maître paie l'ouvrier en proportion de l'ouvrage fait (art. 1791).

Lorsqu'un architecte ou un entrepreneur s'est chargé de la construction à forfait d'un bâtiment, d'après un plan arrêté et convenu avec le propriétaire du sol, il ne peut demander aucune augmentation de prix, ni sous le prétexte de l'augmentation de la main-d'œuvre ou des matériaux, ni sous celui de changements ou augmentations s'ils n'ont pas été autorisés par écrit, et le prix convenu avec le propriétaire (art. 1793).

Le maître peut résilier, par sa seule volonté, le marché à forfait, quoique l'ouvrage soit déjà commencé, en dédommageant l'entrepreneur de toutes ses dépenses, de tous ses travaux, et de tout ce qu'il aurait pu gagner dans cette entreprise (art. 1794). Le contrat de louage d'ouvrage est dissous par la mort de l'ouvrier, de l'architecte ou entrepreneur (art. 1795).

Mais le propriétaire est tenu de payer en proportion du prix porté par la convention, à leur succession, la valeur des ouvrages faits et celle des matériaux préparés, lors seulement que ces matériaux peuvent lui être utiles (art. 1796).

L'entrepreneur répond du fait des personnes qu'il emploie (art. 1797).

Il répond de plus des faits répréhensibles que les ouvriers se permettraient pendant qu'ils travaillent pour lui (art. 1384).

Les maçons, charpentiers et autres ouvriers qui ont été employés à la construction d'un bâtiment ou d'autres ouvrages faits à l'entreprise.

n'ont d'action contre celui pour lequel les ouvrages ont été faits, que jusqu'à concurrence de ce dont il se trouve débiteur envers l'entrepreneur au moment où leur action est intentée (art. 1798).

Mur mitoyen

Dans les villes et les campagnes, tout mur de séparation entre bâtiments jusqu'à l'héberge, ou entre cours et jardins et même entre enclos dans les champs, est présumé mitoyen, s'il n'y a titre ou marque du contraire (code civ. art. 653).

Il y a marque de non mitoyenneté lorsque la sommité du mur est droite et à plomb de son parement d'un côté, et présente de l'autre un plan incliné; lors encore qu'il n'y a que d'un côté ou un chaperon ou des filets et corbeaux de pierre qui auraient été mis en bâtissant le mur. Dans ce cas, le mur est censé appartenir exclusivement au propriétaire du côté duquel sont l'égoût ou les corbeaux et filets de pierre (art. 654).

La réparation et la reconstruction du mur mitoyen sont à la charge de tous ceux qui y ont droit, et proportionnellement au droit de chacun (art. 655).

Cependant tout propriétaire d'un mur mi-

toyen peut se dispenser de contribuer aux réparations et reconstructions en abandonnant le
droit de mitoyenneté, pourvu que le mur mitoyen ne soutienne pas un bâtiment qui lui appartienne (art. 656).

Tout copropriétaire peut faire bâtir contre un
mur mitoyen, et y faire placer des poutres ou
solives dans toute l'épaisseur du mur, à 54 millimètres près, sans préjudice du droit qu'a le
voisin de faire réduire à l'ébauchoir la poutre,
jusqu'à la moitié du mur, dans le cas où il vou-
drait lui-même asseoir des poutres dans le même
milieu ou y adosser une cheminée (art. 657).

Tout copropriétaire peut faire exhausser le
mur mitoyen ; mais il doit payer seul la dépense
de l'exhaussement, les réparations d'entretien
au-dessus de la hauteur de la clôture commune,
et en outre l'indemnité de la charge en raison
de l'exhaussement et suivant la valeur (art. 658).

Si le mur mitoyen n'est pas en état de supporter l'exhaussement, celui qui veut exhausser doit
le faire reconstruire en entier à ses frais, et l'excédant d'épaisseur doit se prendre de son côté
(art. 659).

Le voisin qui n'a pas contribué à l'exhaussement, peut en acquérir la mitoyenneté en payant
la moitié de la dépense du sol fourni pour l'excédant d'épaisseur s'il y en a (art. 660.)

Tout propriétaire joignant un mur, a de même la faculté de le rendre mitoyen en tout ou en partie, en remboursant au maître du mur la moitié de sa valeur, ou la moitié de la valeur de la portion qu'il veut rendre mitoyenne, et moitié de la valeur du sol sur lequel le mur est bâti (art. 661).

L'un des voisins ne peut pratiquer dans le corps d'un mur mitoyen aucun enfoncement ni y appliquer ou appuyer aucun ouvrage sans le consentement de l'autre, ou sans avoir, à son refus, fait régler par experts les moyens nécessaires pour que le nouvel ouvrage ne soit pas nuisible aux droits de l'autre (art. 662).

Chacun peut contraindre son voisin, dans les villes et faubourgs, à contribuer aux constructions et réparatioos de la clôture faisant séparation de leurs maisons, cours et jardins sis dans les dites villes et faubourgs ; la hauteur de la clôture sera fixée suivant les règlementt particuliers ou les usages constants et reconnus ; et, à défaut d'usages et de réglements, tout mur de séparation entre voisins qui sera construit ou rétabli à l'avenir, doit avoir au moins 32 décimètres de hauteur compris le chaperon, dans les villes de 50,000 âmes et au-dessus, et 26 décimètres dans les autres (art. 663).

Lorsque les différents étages d'une maison appartiennent à divers propriétaires, si les titres de propriété ne règlent pas le mode de réparations et reconstructions, elles doivent être faites ainsi qu'il suit : Les gros murs et le toit sont à la charge de tous les propriétaires, chacun en proportion de la valeur de l'étage qui lui appartient. Le propriétaire de chaque étage fait le plancher sur lequel il marche. Le propriétaire du premier étage fait l'escalier qui y conduit, le propriétaire du second étage fait à partir du premier, l'escalier qui conduit chez lui, et ainsi de suite (art. 664).

Lorsqu'on reconstruit un mur mitoyen ou une maison, les servitudes actives et passives se continuent à l'égard du nouveau mur ou de la nouvelle maison, sans toutefois qu'elles puissent être aggravées ; et pourvue que la reconstruction se fasse avant que la prescription soit acquise. (art. 665),

Saillies.

On appelle ainsi, en architecture, toute espèce d'objets adaptés aux murs de face des batiments, qui en excèdent l'alignement, et forment une avance sur la rue.

Les réglements de police défendent d'en établir aucune qui puissent nuire à la libre circulation, en prenant sur la largeur de la voie publique, ou qui puisse préjudicier à la vue des habitants des maisons voisines, ou dont la chute put quelquefois être dangereuse pour les passants.

C'est pourquoi tout ce qui forme saillie sur la rue est sujet à une permission spéciale de l'administration.

Tour de l'échelle

Dans la ville et les campagnes lorsqu'un propriétaire veut se clore, s'il juge qu'il lui est avantageux de laisser un espace de terrain hors de ses murs, soit pour y placer une échelle, des matériaux ou des échafauds lorsqu'il voudra lui faire des réparations ou des constructions, soit par tout autre motif, il doit signifier à tous ses voisins, chacun en particulier, prendre alignement avec eux en bonne étendue ferme de la ligne qui sépare leurs héritages, et énoncer dans l'acte la largeur du terrain qu'il veut laisser hors de ses murs jusqu'à la ligne de séparation de son héritage d'avec les héritages de ses voisins. S'il négligeait de prendre cette précaution, ses voisins, par la suite pourraient lui disputer l'espace de terrain qu'il aurait laissé hors de ses murs, et prétendre même que ce terrain fait partie de leurs héritages.

14°

Ils pourraient aussi prétendre à la mitoyenneté de ses murs, s'il n'y avait pas de marque de non mitoyenneté, se les rendre mitoyens, conformément à l'article 661 du Code civil, en remboursant au maître des murs la moitié de leur valeur et la moitié de la valeur du sol sur lequel ces murs seraient bâtis. S'il est prouvé que celui qui s'est clos le premier a laissé un espace de terrain hors de ses murs, et que la largeur de ce terrain ne soit pas prouvée, elle est présumée d'un mètre de distance du pied du mur du rez-de-chaussée.

Lorsque celui qui s'est clos a laissé un espace de terrain hors de ses murs, il ne peut pas être forcé par le propriétaire voisin à vendre la propriété de ce terrain et à céder la mitoyenneté de son mur. Le voisin qui veut se clore à son tour, peut seulement dans les lieux où l'on est obligé de se clore, contraindre son voisin à contribuer à la construction de la clôture, et dans ceux où l'on n'est point forcé de se clore, construire son mur joignant le terrain laissé pour tour d'échelle et il doit laisser entre son mur et celui de son voisin une ruelle plus ou moins large suivant la largeur du terrain que le propriétaire qui s'est fait clore le premier n'a pas compris dans sa clôture.

Si celui auquel appartient le terrain laissé

pour tour d'échelle veut le clore il le peut ; et
s'il ne veut pas construire un mur du côté du
voisin, et que celui-ci en ait construit un, il
peut forcer le voisin à recevoir le rembourse-
ment de la valeur de la moitié que celui-ci a
fait construire et de la moitié de la valeur du
sol sur lequel ce mur est construit. (code civil,
art. 661).

Lorsque le propriétaire qui s'est clos a laissé
un espace de terrain hors sa clôture, et qu'il se
sert de ce terrain pour y faire couler les eaux
du toit de ses édifices ou de ses autres propriétés, il doit donner à ce terrain la pente nécessaire pour l'écoulement des eaux, et s'il y avait
un mur mitoyen ou appartenant à l'autre voisin
seul, pour séparer les héritages, il doit faire payer son terrain pour empêcher l'eau de pénétrer
aux fondements du mur de séparation des héritages.

Voisin

L'un des voisins ne peut pratiquer dans le
corps d'un mur mitoyen aucun enfoncement, ni
y appliquer ou appuyer aucun ouvrage sans le
consentement de l'autre voisin, ou sans avoir, à
son refus, fait régler par experts les moyens né
cessaires pour que le nouvel ouvrage ne soit pas

nuisible aux droits de l'autre. (code civil, art. 662).

Si donc le propriétaire d'un mur mitoyen veut y adosser un bâtiment, y faire placer des poutres ou solives, ou s'en servir pour soutenir la voûte d'une cave, ou de toute autre manière, il doit en requérir le consentement du voisin par un acte extrajudiciaire, afin que sa réquisition ne puisse pas être constatée ; et si le voisin refuse son consentement par écrit, il doit faire régler par des experts choisis à l'amiable, ou nommés en justice, les moyens nécessaires pour que les ouvrages projetés soient exécutés sans nuire aux droits du voisin ; s'il ne le fait pas, il peut être empêché de continuer ses travaux jusqu'à ce que la manière de les opérer ait été réglée ; et s'ils ont causé quelque tort, il peut être condamné à réparer ces torts et en des dommages et intérêts.

Il ne doit pas même se borner à requérir et à obtenir le consentement du voisin, s'il veut abattre une maison adossée contre un mur mitoyen, lorsque le voisin a aussi une maison mitoyenne qui est adossée contre le même mur. Il faut encore, dans ce cas, exiger que le voisin prenne les précautions nécessaires pour que sa maison ne s'écroule pas, si le mur mitoyen ne se

trouve plus en état de la soutenir. lorsqu'il ne
sera plus lui-même soutenu par la maison que
l'on veut démolir. Si le voisin se refuse à prendre ces précautions, il faut le forcer à les prendre, sans quoi on devient responsable des accidents et dommages auxquels peuvent donner
lieu la chûte de sa maison ou celle du mur mitoyen.

Si l'un des voisins avait pratiqué des armoires, niches, arcades ou autres enfoncements
dans un mur mitoyen, sans le consentement de
l'autre propriétaire, celui-ci peut en demander
et en faire ordonner la destruction quand même
ces ouvrages seraient construits en pierre de
taille, et quand il articulerait et demanderait à
prouver qn'ils existent de temps immémorial
car la présomption serait toujours que ces ouvrages ont été faits à l'insu du voisin, et cette
présomption étant établie par la loi, ne pourrait être détruite que par la preuve écrite que
le voisin a consenti contre lesquels il réclame,
ou qu'à son refus d'y consentir, ils ont été judi-
ciairement autorisés par un rapport d'experts,
qui constatait qu'ils n'étaient point préjudicia-
bles aux droits du voisin.

Vues sur la propriété de son voisin

L'un des voisins ne peut, sans le consentement de l'autre pratiquer dans le mur mitoyen, aucune fenêtre ou ouverture, en quelque manière que ce soit, même à verre dormant. (code civil, art. 675).

Le propriétaire d'un mur mitoyen joignant immédiatement l'héritage d'autrui, peut pratiquer dans ce mur des jours ou fenêtres à fer maillé et à verre dormant, Ces fenêtres doivent être garnies d'un treillis de fer, dont les mailles aient un décimètre d'ouverture au plus, et d'un chassis à verre dormant. (art. 676).

Ces fenêtres ou jours ne peuvent être établis qu'à 26 décimètres au-dessus du plancher ou sol de la chambre qu'on veut éclairer, si c'est au rez-de-chaussée, et 19 décimètres au-dessus du plancher pour les étages supérieurs. (art. 677).

On ne peut avoir des vues droites ou fenêtres d'aspect, ni balcons ou autres semblables saillies sur l'héritage clos ou non clos de son voisin, s'il n'y a 19 décimètres de distance entre le mur où on les pratique et le dit héritage (art. 678).

On ne peut avoir des vues par côté ou obliques sur le même héritage, s'il n'y a 6 décimètres de distance. (art. 679).

La distance dont il est parlé dans les deux articles précédents se comptent depuis le parement extérieur du mur où l'ouverture se fait ;

et s'il y a balcons ou autres semblables saillies, depuis leur ligne extérieure jusqu'à la ligne de séparation des deux propriétés. (art. 680).

Voirie

Tout le système de viabilité de la France se divise en grande et petite voirie.

La grande voirie comprend le classement, la création, l'entretien, la plantation et la propriété, tant des routes nationales et départementales que des canaux et riviéres navigables, les bacs et bateaux mis à la charge de l'administration publique, les ports maritimes de commerce et généralement tout ce qui concerne les grandes communications par terre et par eau.

La grande voirie comprend encore les rues qui, dans les villes, font partie des routes nationales ei départementales, ainsi que les quais des villes sur les rivières navigables.

L'administration générale des ponts et chaussées, placée sous la direction du ministre des travaux publics, a dans ses attributions l'exécution et la comptabilité de tous les objets de grande voirie.

Il y a dans chaque département un ingénieur en chef et dans chaque arrondissement un ou plusieurs ingénieurs ordinaires.

En matière de grande voirie, les préfets seuls sont compétents, soit pour donner les alignements, soit pour connaître des réparations, saillies, démolition de bâtiments donnant sur la voie publiquo.

Les préfets font directement. sauf l'approbation du gouvernement, les actes nécessaires à la conservation, à l'entretien et à la réparation des routes.

Le conseil municipal est toujours appelé à donner son avis sur les projets d'alignement de grande voirie daus l'intérieur des villes, bourgs et villages.

La petite voirie embrasse la confection, l'entretien et la police des chemins vicinaux et des rues des bourgs et villages, des communes, en tout ce qui concerne la sûreté, la salubrité et la liberté des communications.

Aux termes de la loi du 18 juillet 1837, le maire est chargé sous la surveillance de l'administration supérieure, de la petite voirie, et de pourvoir à l'exécution des actes de l'autorité superieure qui y sont relatifs.

CHAPITRE VINGT ET UN

—

Modèles de devis et marchés

Formule d'un marché devis

Les soussignés J. G. entrepreneur de bâtiments, patenté et domicilié à V..., d'une part.

Et G. M., propriétaire, demeurant à C...,
d'autre part.

Ont fait et arrêté le marché suivant :

Le sieur G.,. s'oblige envers le sieur M..., à
faire avec toute la solidité et la symétrie convenables, au dire d'ouvriers et gens qui soient experts dans la partie, tous les ouvrages indiqués
et expliqués dans le devis fait et arrêté entre eux
ce jourd'hui, sur deux feuilles de papier sur
timbre des présentes, et qui est demeuré annexé
à chacune des copies, après avoir été d'eux

certifié véritable et signé, pour la construction d'une maison à C...., sur la grande rue n° 60.

En conséquence, le sieur G... s'oblige a fournir les pierres, moellons, chaux, sable, plâtre, briques, pierres de taille, ouvriers, échafaudages nécessaires pour ce qui concerne, relativement à sa profession, la construction de la maison dont il s'agit :

S'oblige toujours le sieur G..., de commencer les travaux le 6 mai prochain et de les continuer sans interruption (excepté les jours fériés) pour que cette maison soit achevée d'ici au 15 octobre prochain.

Ce marché est fait moyennant la somme de dix mille francs que le sieur M..., s'oblige de payer au sieur G..., deux mois après l'achèvement de la dite maison, et que les travaux seront reconnus parfaits, au dire des gens de l'art choisis par lui et le sieur M...

Fait double à C..., le 6 janvier 1851.

(signatures)

Autre modèle

Devis des ouvrages de maçonnerie, charpenterie, couverture, menuiserie, serrurerie, vitrerie et autres ouvrages à faire pour la construction d'une maison à M...

Premièrement, etc., (*détailler par article tous les ouvrages à faire*).

Le marché se met à la suite du devis.

Autre modèle

Entre les soussignés A. C..., propriétaire demeurant à M..., et F. C..., architecte demeurant à F..., a été faite la convention suivante :

M. C... s'oblige envers M. C... qui accepte, à faire comme il convient et à dire d'experts.

Tous les ouvrages de maçonnerie, charpenterie, couverture, menuiserie, vitrerie, serrurerie et autres ouvrages, qu'il est nécessaire de faire pour la construction entière et parfaite d'une maison que M. C... veut faire construire à M.., dans un jardin à lui appartenant, d'après le plan qui a été dressé, et qui a été signé par les parties en double.

M. C... promet commencer les dits travaux dès le 7 mai prochain 1850, et de les continuer avec le nombre d'ouvriers suffisant, sans interruption, pour rendre le tout achevé, et en livrer les clés à M. C... le 29 octobre prochain, à peine de cent francs par chaque mois de retard.

Ce marché est fait moyennant la somme de six mille francs, pour tous les dits ouvrages, sans aucune division, et l'un dans l'autre.

Sur laquelle somme il reconnaît avoir à l'instant reçu celle de quinze cents francs; le surplus sera payable par quart; le premier, le 15 juin, le second le 15 juillet, le troisième le 15 août, et le quatrième, lorsque tous les ouvrages étant achevés, les clés auront été remises.

Fait double à M..., le 7 février mil huit cent cinquante. *(Signatures des parties)*.

Autre modèle de marché et devis

Les soussignés, J. P... entrepreneur de bâtiments, demeurant à B..., arrondissement de Saint-E..., département de la S., d'une part :

Et M. A... de Sablon, d'autre part, sont convenus de ce qui suit, savoir :

Le dit P.., s'oblige de construire, dans le délai de 9 mois, un moulin, sur un pré appartenant au dit M. de S... sis à la B..., qui sera entièrement conforme au devis annexé aux présentes.

L'entrepreneur fera tous les ouvrages de maçonnerie, charpenterie, couverture, menuiserie, serrurerie, vitrerie, et autres qu'il lui conviendra de faire, pour, dans le dit délai de 4 mois, avoir fini le dit moulin et en avoir livré les clés au dit de S...

Tous les matériaux nécessaires à la dite construction seront fournis par l'entrepreneur et portés sur place.

Ce marché est ainsi fait moyennant la somme de douze mille francs, que le dit A... paiera à l'entrepreneur, savoir : celle de trois mille francs dans les dix premiers jours de l'entreprise, celle de cinq mille francs le 2 juin et les quatre mille restant lorsque tous les dits ouvrages seront faits et parachevés.

Le présent marché fait double entre nous pour avoir son exécution et toute force et valeur, comme s'il était fait et passé devant notaire, élisant pour domicile où tous actes relatifs à l'exécution des présentes pourront être valablement signifiés nos demeures respectives ci-dessus énoncées. En foi de quoi nous avons signé.

A B... A..., le 1er mai 1850.

(Signatures).

Autre devis

Devis des ouvrages de maçonnerie, qu'il convient de faire pour la construction d'une maison que M. L. L. désire faire bâtir sur un jardin à lui appartenant, sis à Avignon sur le quai du Rhône, suivant les plans, profils, coupes et élévations qui en ont été dressés par M. B. architecte et agréé par le sieur G. P. entrepreneur de bâtiments ; lesquels plans, profils, coupes et élévations seront exécutés à tant le mètre cube ou superficiel.

1° Les murs de fondation de face seront construits en gros moellons et payés 10 fr. le mètre cube.

2° Les murs de fondation de refend en moellons ordinaires seront payés 9 fr. le mètre cube.

3° Les murs déchiffre des divers escaliers 10 fr. le mètre cube.

4° Les voûtes de descentes de caves seront payées 7 fr. le mètre superficiel.

5° Les marches des escaliers en pierre de taille de 1 mètre 60 de longueur seront payées 6 fr. la marche.

6° Les murs de face y compris les pieds de droits des portes, des fenêtres et les pierres des angles qui seront en pierre de taille seront payés 14 fr. le mètre cube.

7° Les murs de refend seront payés 6 fr. le mètre cupe.

8° Les murs du puits ei du massif des perrons seront payés 7 fr.

9° Tous les légers ouvrages de maçonnerie seront payés 6 fr. le mètre cube.

10° Enfin ledit entrepreneur s'engage encore et sans augmentation de prix, de placer les poutres dudit bâtiment au fur et à mesure que les murs s'élèveront.

Tous lesquels ouvrages de maçonnerie seront bien et dûment faits et parfaits conformément au dire de gens expets à ce connaissant, et pour cela l'entrepreneur fournira, la pierre, la chaux, le sable, en un mot, tous les matériaux quelconques de bonne qualité ; fournira les peines et façons d'ouvriers pour mettre lesdits ouvrages en leur perfection suivant les règles de l'architecture ; fournira aussi tous les bois pour les échafaudages, les étayements et outils nécessaires pour la construction desdits murs ; enverra aussi toutes les pierres et autres déblais qui seront de son fait dans le lieu indiqué par la mairie pour rendre la place libre à peine de tous dépens, dommages et intérêts. Le tout fait et parfait dans le délai de cinq mois à partir du 15 mai prochain pour être terminé le 15 septembre de la même année moyennant les prix et sommes sus-mentionnés.

Quand au paiement, il sera donné à l'entrepreneur par le propriétaire de ladite maison quinze cents francs dans les huit premiers jours des constructions moyennant une bonne et préalable caution.

Le restant de la somme sera donné six mois après la fin des dits travaux de maçonnerie.

Fait et signé en double à A. ce 7 janvier 1840.

(*Signatures.*)

Autre modèle

Etat estimatif des travaux à faire dans l'ancienne maison G. sise rue D. N° 7 pour l'approprier pour la nouvelle école que le conseil municipal se propose d'établir dans ce quartier.

Rez-de-chaussée

20 mètres 50 centimètres superficiels de dalles de carrières de tournus, de 6 à 7 centimètres d'épaisseur pour daller le corridor à 9 fr. le mètre, chaux, sable et main-d'œuvre comprise..... 184 50

50 mètres de plinthes peintes posées scellées au bas des murs dudit corridor à 20 centimes le mètre courant..... 10 »

20 mètres superficiels de trois couches de badigeon rougeâtre avec encolage pour peindre les soubassements dudit corridor et 60 mètres de trois couches de badigeon jaunâtre pour peindre le haut des soubassements, à 0, 20 centimes le mètre.......... 16 »

16 mètres superficiels de grands carreaux octogones pour carreler la cuisine et l'évier à 4 fr. le mètre, la chaux, le sable et la main-d'œuvre comprise... 64 »

40 mètres superficiels de badigeon blanchâtre de trois couches avec encol-

à reporter.. 274 50

Report.... 274 50

lage à 0, 15 centimes le mètre......   6   »

Réparations à faire à la porte d'entrée de la cuisine et à un châssis de la grande fenêtre de la même pièce 6 fr. les deux objets.................   6   »

3 mètres 50 centimètres superficiels de peinture à l'huile teint blanchâtre pour peindre les armoires et placards de ladite cuisine à 0, 40 centimes le mètre   1   30

1er ÉTAGE

40 mètres superficiels de cloison en briques sur champ pour diviser la grande salle en deux pièces, à 4 fr. le mètre, briques, plâtres, esseliers, poteaux, bâtis, plinthes, cimaises, badigeon blanchâtre et grisaille, avec encollage et main-d'œuvre comprise. 160 »

Une porte pleine en bois de chêne et deux chassis vitrés de même bois.   14 »

2me ÉTAGE

Echauder de deux couches, avec en-

à reporter... 461 80

Report... 461 80

collage, les 96 mètres de parement qui
forment le pourtour des trois chambres
du second étage, à 0, 10 centimes le
mètre...................................... 9 60

GRENIER

30 mètres superficiels de cloison en
briques sur champ, à 3 fr. 50 le mètre,
briques, plâtre, crépi en gros mortier, essèliers, poteaux, bâtis et main-
d'œuvre comprise................. 105 »

Une porte en bois de sapin, vitrée
et peinte à l'huile, teinte grisâtre... 12 »

TOIT

Refaire trois têtes de cheminée,
d'un mètre de haut, en briques posées
à plat, 5 fr. la tête, briques, chaux,
sable et main-d'œuvre comprise.... 15 »

500 tuiles creuses ordinaires, à 5 fr.
le cent... .... 25 »

50 tuiles faîtières, à 0, 10 centimes
la tuile........................... 5 »

3 journées de couvreur pour poser

à reporter.. 633 40

$$\text{Report.. } 633 \; 40$$

lesdites tuiles, ressuivre le toit et y
faire toutes les réparations nécessaires, à 2 fr. 50 c. la journée..... 7 50

Dépenses imprévues............ 200 »

$$\text{Total......... } 840 \; 90$$

Je certifie, exact et véritable, dans tous ses
détails, le présent état.

A B....., le .. avril 1863.

L. B., *architecte.*

CHAPITRE VINGT-DEUX

—

Modèles de mémoires d'ouvriers maçons, charpentiers, menuisiers et terrassiers

Mémoire de maçon

Mémoire des ouvrages de maçonnerie et de terrassements faits et fournis pour le compte de M. C..., dans son terrain sis sur le quai du Rhône, à T..., dans le courant de mai, juin, juillet et août, de la présente année 1861, par P..., entrepreneur de terrassement et de maçonnerie, rue du L..., n° 6.

TERRASSEMENT

Fouille et enlèvement de 260 mètres cubes de gravier, et déposés dans l'endroit indiqué par la mairie, à 50 cent. le mètre cube.

MAÇONNERIE

280 mètres cubes de maçonnerie moellons,
et en mortier de chaux et sable, à 12 fr. le
mètre . . . .   3,360 fr.

86 marches d'escalier, de pierres
de Crussol, de 1 m. 50 de long, à
6 fr. la marche.   516

200 tuiles creuses de Saint-
Désirat, à 5 fr. le cent.   100

1,200 briques pour les cheminées
et les cloisons, à 4 fr. le cent.   280

Total. . . . . . .   4,256 fr.

Pour acquit de la somme de quatre mille deux
cent cinquante-six francs, montant du présent
mémoire.

A T..., le 15 octobre 1861.

L. P.

Mémoire de menuisier

Mémoire des travaux de menuiserie faits dans
la maison de M. A... M..., située à Saint-
E..., rue des J..., n° 12, dans le courant de
l'année 1850, par C..., entrepreneur, rue de
la Bourse, n° 8, sous la direction de M. M...,
architecte.

Savoir :

Mai 7   Un plancher, en planches de chêne, de 3 centimètres d'épaisseur, de 12 mètres de surface, à 6 fr. 40 cent. le mètre.......................   76 80

16   Dix portes pleines, en bois de châtaignier, à 14 fr. le mètre....................   140 »

20   Douze paires de contrevents, en bois de chêne, à 9 fr. la paire ....   108 »

id.   Douze paires de croisées, en bois de noyer et garnies de verre à vitre, à 12 fr. la paire   144 »

id.   Sept paires de chassis d'imposte, garnis de verre à vitre, à 7 fr. la paire............   49 »

Total........   517 80

Réduit par l'architecte à la somme de quatre cent quatre-vingt francs.

A Saint-E..., le 22 juin 1850.

M..., *architecte.*

Pour acquit de la somme de quatre cent quatre-vingt francs ci-dessus.

A Saint-E..., le 26 juin 1850.

P. C.

ÉTAT des travaux et fournitures faites par le sieur G..., entrepreneur à B..., pour l'entretien de la maison d'école de garçons de N..., pendant la présente année 1860.

SAVOIR :

Octobre 6	Avoir fourni les travaux et les chambranles d'une alcôve, à 15 fr. le tout, ci......................	15 »
id.	Avoir livré 5 paires de volets, de 2 mètres de haut, pour le deuxième étage, à 9 fr. la paire	45 »
7 et 8 oct.	Avoir fait 24 mètres de plafond dans une des chambres du premier, à 2 fr. le mètre...................	48 »
	Total........	108 »

Certifié véritable, à B..., le 17 septembre 1860.

G.

Vu et approuvé, le présent état, par nous maire de la commune de B..., le 9 décembre 1860.

Pour acquit de la somme de cent huit francs.

A B..., le 9 décembre 1860.

G.

ÉTAT *des fournitures et meubles faits par le sieur G..., menuisier et entrepreneur à B..., pour la maison de l'école communale de la dite commune, pendant le mois d'août et de septembre de la présente année* **1850**.

SAVOIR :

Août 7   Trois tables à écrire, de six cases chaque, en bois de chêne, à 30 fr. la table...................... 90 »

id.   Quatre bancs, en bois de pin, de 3 mètres de long, pour la classe des commençants, à 7 fr. chaque............... 28 »

26   Un pupitre, en bois de noyer, pour la 2me classe, à 15 fr., ci. 15

id.   Avoir fourni deux grands cadres en bois de platane et y avoir collé deux tableaux de lecture, à 5 fr. chaque...... 10 »

Six cadres, en bois de cerisier, de 0 m. 50 de haut et de 0 m. 32 de large, pour tableaux historiques, à 1 fr.......... 6 »

Total.......... 149 »

Certifié véritable l'état ci-dessus, à B..., ce 29 septembre 1850.

G.

Vu et arrêté, le présent état, à la somme de cent quarante-neuf francs, par nous maire de la commune de B...

A B..., le 27 septembre 1850.

Signature du maire :

Sceau de la mairie :

15

Pour acquit de la somme de cent quarante-neuf francs.

B..., le 29 septembre 1850.

G.

NOTE *des meubles faits et fournis à M. L...,* *par F. B..., menuisier ébéniste, demeurant* *en cette ville, rue de la Paix, n° 7.*

1860   SAVOIR :

Mars 5   Une commode, en bois de noyer, à trois tiroirs et poignées en cuivre, avec dessus en marbre gris.................... 140 »

id.   Une armoire à deux portes, en bois de cerisier.......... 60 »

Avril 7   Deux bois de lit, en bois de frêne, à 40 fr. l'un......... 80

id.   Une table à jeu, garnie en drap vert.................. 28 50

Une table de nuit, en bois de poirier.................. 10 50

Total......... 319 00

Pour acquit de la somme de trois cent dix-neuf francs.

A Lyon, le 10 mai 1850.

F. B.

NOTA. — Lorsqu'un menuisier fait des meubles pour être placés à demeure, tels que portes, volets, contrevents, croisées, il doit indiquer l'étage et la façade où il a placé les diverses pièces de menuiserie qu'il a faites.

Exemple : Façade de la rue ;
Rez-de-chaussée ;
Premier étage ;
Second étage.

Mémoire du couvreur

MÉMOIRE *des travaux exécutés et des matériaux fournis pour la toiture du bâtiment de M. P..., situé à B..., près de l'église paroissiale, dans le courant du présent mois de juin 1860, par G. B.., maître couvreur, rue Napoléon, n° 6.*

SAVOIR :

200 lattes et leurs clous, à 0, 10 cen- la latte............	20	»
12 mètres carrés de voliges, à 3 fr. le mètre............	36	»
600 ardoises et clous nécessaires à leur pose, à 12 fr. le cent............	72	»
50 tuiles faîtières, à 0 fr. 50 la tuile.	25	»
4 kilogrammes de clous pour utiliser les ardoises de l'ancien toit, à 1 fr. 20 le kilog............	4	80
4 sacs de chaux et 2 charretées de sable pour les glacières des cheminées, le tout............	14	»
8 journées d'ouvriers couvreur, à 2 fr. 50 c............	20	»
Id. 8 de manœuvrier, à 1 fr, 50...	12	».
8 mètres linéaires de chêneaux, en fer blanc double, posés, crochets, et peinture comprise, à 4 fr. le mètre	32	»
Total.........	**235**	**80**

Pour acquit de la dite somme de deux cent trente-cinq francs quatre-vingt centimes.

A B..., le 28 juin 1860.

B.

Mémoire de serrurier

MÉMOIRE *des travaux de serrurerie faits au bâtiment de M. A. C..., rue Saint-L..., n° 12, dans le courant de mars 1860, par Claude Pinatel, serrurier, rue N.-D., n° 40.*

Savoir :

Mars 7	Fourni 40 kilogrammes de fonte pour plaque de cheminée.........	20 »
id.	Fourni 184 kilog. de gros fer pour les rampes de l'escalier et du balcon, main-d'œuvre et pose comprise, à 0, 90 centimes le kilog......	165 60
12	280 *idem* pour les grilles de la cour, en fer rond, avec des lances en fonte, la main-d'œuvreet la pose comprise, à 1 fr. 20 le kilog...........	216 »
16	Avoir déplacé une serrure, l'avoir réparée, remise en place et remplacé la clé..........	3 50
18	Avoir posé 4 pentures de porte et fourni 16 clous à vis avec leurs écrous, à 0, 10 cent. le clou.................	2 »
	Total.........	407 10

Pour acquit de la somme de quatre cent sept francs dix centimes.

A Saint-E .., le 12 avril 1860.

P.

Mémoire de plâtrier

MÉMOIRE *des travaux de plâtrerie et de peinture faits au bâtiment de M. N. V...., rue Saint-Louis, nº 6, dans le courant de juin, par L. A...., plâtrier et peintre en bâtiments, rue du N..., nº 6.*

SAVOIR :

Juillet 2	Avoir fourni et posé dans une des salles du premier, 400 carreaux octogones de 16 centimètres, en terre cuite de Saint-D..., à 12 fr. le cent., la chaux, le sable et le plâtre..........	48 »
8	Avoir fait un plafond de 12 mètres de superficie, dans la même salle, et fourni tous les matériaux nécessaires, volliges, clous, plâtre, etc., à 4 fr. le mètre..............	48 »
18	Avoir lessivé 16 mètres de peinture vernie, dans la salle à manger, pour en conserver et raviver les couleurs, à 10 centimes le mètre.........	1 60
24	Avoir lessivé 18 mètres de peinture à l'huile, dans la	
	A reporter......	97 60

		Report.....	97 60
	chambre de Madame, pour la repeindre, à 15 centimes le mètre..................	2 70
26	Avoir lessivé à l'eau seconde extra forte 13 mètres de boiseries, dans la chambre de Monsieur, pour enlever les anciennes peintures, à 20 centimes le mètre.........	2 60
id.	Avoir gratté à vif 14 mètres de peinture à l'huile sur les boiseries de la chambre de M. Alphonse, à 20 centimes le mètre................	2 80
27	Avoir passé trois couches de couleur en détrempe sur 26 mètres de superficie de la salle à manger, dont une d'encollage et deux de teinte, à 40 centimes le mètre.....	10 40
Août 2	Avoir passé trois couches de couleurs en détrempe sur une superficie de 28 mètres de la chambre de Madame, à 60 centimes le mètre......	16 80
7	Avoir peint à l'huile, de trois couches, une superficie de 30 mètres de la chambre de Monsieur, à 1 fr........	30 »
12	Avoir peint en décors 36 mètres de superficie de la chambre de M. Alphonse, à 1 fr. 20 c. le mètre.......	43 20

	À reporter.....	206 10

Report.....   206 10

Sept. 6   Avoir peint 52 mètres li-
néaires de divers objets,
plinthes, cimaises, moulures
de cadres, etc., à 5 centimes.   2 60

10   Avoir peint 6 objets divers,
2 chambranles, 2 contre-
cœurs de cheminée, et 2
placards, à 75 centimes la
pièce...................   4 50

Total.........   213 20

Pour acquit de la somme de deux cent treize
francs vingt centimes.

A L..., ce 20 juillet 1860.

A.

Mémoire d'un ouvrier terrassier

NOTE *des travaux faits par J. B..., pour le
compte de M. S.-B..., propriétaire à B...,
pendant les mois de mars et d'avril 1860.*

SAVOIR :

Mars   Le 6, le 7, le 8 et le 9, avoir
fait 4 journées dans le jardin
pour refaire les allées et les
bordures, à 1 fr. 50.........   6 »

dito   Le 14, le 15, le 16, le 17, le
18 et le 19, avoir fait 6 journées
dans le Pré-Carré, pour curer
les fossés, les biez, etc........   7 50

A reporter.....   13 50

	Report.....	13	50
dito	Le 22, le 23, le 24, le 25, le 26, le 27 et le 29, avoir ouvert les fossés qui longent la vigne Neuve.......................	40	50
Avril	14 journées, employées à miner la terre appelée la Chaux, à partir du 1er du dit mois.....	21	50
4	Une journée employée à sortir les caisses d'orangers et à faire d'autres travaux	1	50
	Total........	47	00

Pour acquit, le 8 mai 1860.

J. B.

APPENDICE

—

Conseils sur les réparations, la décoration et l'ornementation des édifices religieux

1° Réparation

Il y a cette différence entre la réparation et l'entretien d'une chose, que la première de ces opérations est toujours plus considérable que la seconde et exige plus de dépenses. Quiconque entretient bien des bâtiments ou des objets mobiliers, n'a pas besoin de les réparer souvent. Si la tuile ou l'ardoise que le vent enlève du toit d'une église était remplacée immédiatement, les charpentes ne seraient point pourries par les infiltrations, la voûte ou le plafond se conserveraient en bon état. Il en est de même des vitraux, des dalles ou carreaux du sol, etc. Un léger accident est facile à réparer ; si on y met de la négligence, le mal saggrave, et ce qui dans le principe aurait coûté quelques centimes d'entretien, exige plus tard une réparation de quelques centaines de francs. Les mêmes observations peuvent s'appliquer aux meubles, aux ornements, au linge ; il n'est pas un de ces objets qu'on ne doive passer en revue de temps en temps.

2° Décoration

Décorer une égise, c'est disposer, selon les règles du goût et conformément aux traditions religieuses, les divers objets d'ornement qui peuvent réhausser l'éclat des cérémonies du culte. Dans ce sens, la décoration est un art qui a ses principes invariables et des préceptes qui en découlent ; nous allons essayer d'indiquer rapidement nos idées à cette égard. D'abord, toute décoration doit être en harmonie avec la localité ou on l'emploi ; c'est ainsi que la hauteur des statues doit être proportionnée aux dimensions de l'édifice. Gardez-vous de placer un saint Christophe formes colossales sous la voûte basse d'une église de village. Plus les objets d'ornementation seront nombreux, plus il faut s'attacher à mettre de l'unité dans la variété ; le beau idéal dans les arts n'est que cela. Chaque art doit rester dans les limites de la sphère qui lui est assignée. La sculpture ne doit pas empiéter sur la peinture, *et vice versa*. Ne badigeonnez jamais une statue : laissez à la pierre, au bois, sa couleur naturelle. Ne mettez point de bouquet de fleurs artificielles ou naturelles à la main d'une vierge en albâtre, comme nous l'avons vu dans une église de province. Ce qui est encore plus choquant, c'est de voir un bouquet à la main d'nne figure peinte.

Les objets d'art les plus importants et les plus
précieux doivent être mis en évidence. La quantité des décorations doit se régler sur la grandeur
de l'église. Il faut éviter la profusion qui amène
toujours le désordre. Dans quelques églises de
village, on voit à côté du maître-autel deux autels collatéraux qui forment, avec la nef, un faux
équerre ; cela fait un mauvais effet. Non seulement tout doit être à sa place, mais tout doit
avoir une place suffisante. Enfin, il est inconve-
nant de laisser en vue des objets consacrés au culte,
mais qui ne servent qu'en certains jours de la se-
maine, tels que chandeliers, statues, décorations
employée à construire un catafalque. Les objets
abandonnés dans un coin et traînant dans la poussière se détériorent dailleurs bien plus facilement que si on avait soin de les serrer chaque
fois après qu'on s'en est servi. Rien de plus difficile à déterminer que la nature des embellis-
sements et les frais que la fabrique doit employer pour cela. Pour les déterminer avec
équité, il faut en général que les marguilliers
aient égard à trois choses : 1° à l'usage des
lieux; 2° aux facultés de la fabrique; 3° à la nécessité de ces sortes de réparations. Ainsi par
exemple, nous supposons qu'on ne pourrait se
dispenser de faire peindre un autel en bois qui
n'aurait pas été peint, de faire gratter une
église noircie par la poussière et la malpropreté,
de restaurer des tableaux défigurés par la vétusté.

3° Ornementation.

Qu'il n'y ait rien de grossier ni de bizarre,
de grotesque ni de choquant dans les différts

meubles et ornements d'une église: qu'on ne voit pas de ces autels lourds, massifs, sans grâce et sans proportions, que vous prendriez pour un buffet ou pour un comptoir; qu'on n'y laisse pas ces chaires ridicules qui ont l'air d'une cage ou d'un tonneau, ces confessionnaux qui ont l'air d'une guérite ou d'un tambour. Pour cela il faut repousser les offres de service des menuisiers de village qui vont prôner leurs talents à des curés trop confiants qui les croient sur parole : ils sont propres tout au plus à faire quelques meubles ordinaires et communs, et s'érigent parfois en sculpteurs et en statuaires, puis viennent souiller nos églises de leurs ébauches grossières et informes, qui provoquent l'indignation ou la risée des gens de goût.

Combien da crucifix sans expression ou même ridiculement façonnés par leurs ciseaux! et sur nos autels combien de saints patrons aux formes matérielles ou dans une attitude rididicule. Ici vous rencontrez un groupe d'anges en forme d'enfants potelés, joufflus et dans une nudité qui offense les regards. Là vous verrez un St-martyr mourant sous les coups de ses bourreaux, et épuisé de sang, avec un corps gras et replet et une figure qui a tout le coloris et la fraîcheur d'une rose. Plus loin vous rencontrez la statue d'un homme plein d'embonpoint, à la face luxuriante de santé : devineriez-vous que c'est st-Jean Baptiste prêchant sur les rives du Jourdain la mortification de la chair et des sens? Ailleurs encore se trouvent des statues de saints tellement contrefaites qu'elles ressemblent à de grotesques idoles venues de quelques pagodes de l'Inde; leur air bizarre et choquant fait sourire de pitié et hausser les épaules quand on songe qu'elles sont exposées à la vénération des fidèles pour recevoir leurs hommages, elles qui ne peuvent inspirer qu'un dégoût profond et frapper de ridicule la religion et le culte des saints.

Si nous en venons maintenant aux œuvres de peinture qui tapissent ou plutôt qui salissent les murs de plusieurs églises, combien de tableaux détestables payés à grand frais, qui pour l'honneur des fabriques devraient bien vite disparaître et être mis au rebut. Il est incroyable combien il existe de mauvais tableaux exposés çà et là dans nos églises, et ce qui est plus affligeant, combien de mauvais ouvriers sont encore à l'œuvre pour en produire de semblables. N'ayons s'il le faut, qu'un petit nombre de tableaux, mais que du moins nous puissions les montrer sans rougir. Si une église n'a pas de fonds suffisants pour s'en procurer de bons, elle doit plutôt s'en passer que d'en avoir de mauvais.

Sachons aussi les placer dans leur véritable jour et dans des positions qui leur conviennent. On devra encore avoir égard à leurs dimensions : de grands tableaux dans un petit local ou de petites toiles dans un chœur vaste et élevé feraient mauvais effet. Il n'y a pas jusqu'au cadre qui ne doive être d'un genre et d'un style analogues aux lieux auquel il est destiné. Dans une chapelle ogivale, sombre et antique, un tableau ancien evec encadrement gothique fera mieux qu'un qui a conservé la fraîcheur de son coloris et tout le brillant de ses dorures. Il faut tacher de tout proportionner et de tout harmoniser avec intelligence.

Le choix des statues n'est pas moins important : il y en a de si grossièrement ciselées, d'une pose si raide, d'une physionomie si peu expressive et parfois si dure et si repoussante, en un mot, qui sont si informes qu'on ne peut, en les regardant, se défendre d'un sentiment pénible. Si les statues n'ont pas les défauts dont nous parlons et qu'elles aient même quelque mérite, on semble prendre à tache de les défigurer soit par le pinceau, soit par des parures ridicules ou du moins superflues. On les colorie, on les affuble de manière à présenter un personnage vivant, ce qui n'est pas dans la nature d'une œuvre de l'art; car une statue doit être une statue et paraître telle. Si l'on devait leur donner une couleur qu'elle soit d'or, d'argent, de marbre.

Aire

Toute superficie plane sur laquelle on marche. En parlant d'un bâtiment, aire se dit de la capacité d'un plancher. Par exemple il faut tant de milliers de carreaux pour couvrir l'aire d'une église.

La meilleure manière de recouvrir l'aire d'une église est toujours de le faire avec de larges dalles de pierres dures. Dans les villages, les fidèles ont l'habitude de venir à l'église avec leurs sabots qui les garantissent du froid et de l'humidité.

Dans les villes, on peut recouvrir les dalles de nattes de jonc et de paille.

Après les dalles de pierre viennent les carreaux de terre cuite. Ce genre de dallage exige un très grand soin dans le choix et le placement des carreaux. Depuis quelques années, on établit des aires en bitume ou en asphalte. Le temps seul peut faire apprécier le mérite de cette innovation.

Plus récemment encore on a introduit les parquets dans les églises, à l'imitation des chapelles protestantes anglaises. Outre l'inconvénient grave qui résulte du bruit causé par la sonorité d'un sol recouvert de bois, nous ne pouvons nous empêcher de regarder comme peu monumental et peu digne du lieu saint ce parquet qui nous rappelle trop l'habitation de famille, la salle de bal ou de consert.

Il est de bon goût lorsqu'on dalle les nefs avec de larges pierres dures de daller le chœur avec des carreaux de marbre ou de pierre blanche et noire.

Boiseries.

Nous donnons ici le moyen que l'on peut employer pour rendre aux lambris, stalles, chaires et bancs d'œuvres barbouillés de peinture leur beauté première, en supposant néanmoins que ces meubles sont en chêne et en assez bon état pour supporter sans briser l'opération nécessaire pour les restaurer. Des lavages réitérés à la lessive bouillante, à l'eau seconde tiède affaiblie par trois sixièmes d'eau, enlèveront d'abord le plus épais de la peinture. Le lavave s'effectue à l'aide de brosses un peu dures. Lorsqu'on s'aperçoit qu'il ne reste plus sur le bois qu'une légère pellicule de couleur on frotte légèrement à l'aide de ces brosses dures appelées chiens. On fait passer dans les moulures, dans les détails des sculptures et bas reliefs du papier de verre de divers numéros en commençant par le plus gros, et lorsque le bois est entièrement nettoyé, on lui donne, à deux reprises différentes, des couches d'huile tiède. Cette huile fait revivre les veines du bois, lui donne un ton de vieux chêne noir. Il faut bien se garder de vernir et surtout d'employer le vernis blanc dit vernis à tableaux.

(*Ext. du Dict. des curés. par l'abbé Jacquin.*)

De la manière d'évaluer un bâtiment.

Les maisons ne sont jamais estimées ce qu'elles coûtent à construire. On n'apprécie pas les frais de la main d'œuvre, ni ceux de la démolition.

Pour s'assurer de leur valeur, il faut examiner celle du sol, leur grandeur, la bonté des matériaux dont elles sont construites; leur plus ou moins grande solidité. la nouveauté où l'encienneté de leurs construction; les réparations plus ou moins considérables dont elles peuvent avoir besoin chaque années, et au moment de leur estimation, leur emplacement dans les villes ou campagnes; leur position auprès des villes, des routes, des rivières ou des lieux d'une grande consommation. lusage plus ou moins avantageux auquel elles sont employées et si cet usage est durable, et ne tient pas à quelque événement passager; l'évaluation qui leur a été donné dans les actes translatifs de propriété et dans les partages, et enfin le prix de leur location.

Lorsque le prix de la location n'est pas connu, on doit l'évaluer par comparaison avec celui des autres maisons de même nature et placées dans les mêmes conditions.

Tout à la plus grande gloire de Dieu et à l'utilité du prochain.

— FIN —

TABLE